互联网时代的众包模式——
面向未来的商业模式应用研究

赵 军 著

中国水利水电出版社
www.waterpub.com.cn
·北京·

内容提要

本书以互联网行业的众包研究领域为主，面向未来的众包商业模式应用为主要研究方向，首先介绍了众包的起源、概念、分类和理论基础，针对众包的发展过程进行研究分析；然后分析众包的市场应用及众包的运作机制；接着介绍了众包管理的实践应用；最后基于当前的众包发展模式，研究众包所面临的风险及应该如何进行规避，并分析众包的创新与未来。

全书共四部分十一章。第一部分为众包源起（第一、二章），主要内容包括：组织虚拟化与众包，众包的概念、分类与理论基础；第二部分为众包市场（第三、四章），主要内容包括：双边市场与市场主体、众包系统模型与运作机制；第三部分为众包管理实践（第五章~第八章），主要内容包括：新产品的众包、众包营销实践、众包与客户关系管理、众包供应链管理；第四部分为众包的应用、风险与未来（第九章~第十一章），主要内容包括：众包蔓延与典型应用、众包的风险与规避、众包的创新与未来。

本书适合高校经管及相关专业本科生和研究生参考阅读，也可供具有产业数字化、数字产业化转型的特殊需求企业管理人员参考阅读。

图书在版编目（CIP）数据

互联网时代的众包模式：面向未来的商业模式应用研究 / 赵军著． — 北京：中国水利水电出版社，2024.4

ISBN 978-7-5226-2384-9

Ⅰ．①互… Ⅱ．①赵… Ⅲ．①企业管理－商业模式－研究 Ⅳ．① F272

中国国家版本馆 CIP 数据核字 (2024) 第 050737 号

书　　名	互联网时代的众包模式——面向未来的商业模式应用研究 HULIANWANG SHIDAI DE ZHONGBAO MOSHI—MIANXIANG WEILAI DE SHANGYE MOSHI YINGYONG YANJIU
作　　者	赵　军　著
出版发行	中国水利水电出版社 （北京市海淀区玉渊潭南路 1 号 D 座 100038） 网址：www.waterpub.com.cn E-mail：zhiboshangshu@163.com 电话：（010）62572966-2205/2266/2201（营销中心）
经　　售	北京科水图书销售有限公司 电话：（010）63202643、68545874 全国各地新华书店和相关出版物销售网点
排　　版	北京智博尚书文化传媒有限公司
印　　刷	河北文福旺印刷有限公司
规　　格	170mm×240mm　16 开本　10.5 印张　219 千字
版　　次	2024 年 4 月第 1 版　2024 年 4 月第 1 次印刷
定　　价	69.00 元

凡购买我社图书，如有缺页、倒页、脱页的，本社营销中心负责调换

版权所有·侵权必究

前　　言

　　随着网络技术的发展与普及，消费者越来越关注企业创新，企业创新的潜力也日趋彰显其商业价值。麻省理工学院斯隆管理学院的埃里克·冯·希普尔（Eric von Hippel）教授指出：在当代企业的利润增长中，技术创新因素占40%，资源因素占20%，人均资本的增加因素占15%，规模经济因素占13%，劳动力素质的提高的因素占12%。以前人们认为，规模经济和人均资本的增加是创造利润的主要因素，但在当前，它们两者之和也只有28%，而技术创新和劳动力素质的提高却占了52%。这就是我们面临的世界经济的发展，也是我们的竞争对手企业的经营状态。因此，以"用户创造内容"为代表的创新民主化和普及化正成为一种新的趋势。"众包"源于对传统业务创新模式的反思，已经成为和企业并列的新的商业模式。

　　"众包"一词被正式发布于2006年美国《连线》杂志6月刊，彼时该杂志的编辑杰夫·豪（Jeff Howe）首次阐述了众包的概念，即企业利用互联网将工作分配出去、发现创意或解决技术问题。其后的2006—2012年，众包如同浪潮，席卷了多个产业。请看例证：最早实施众包的"创新中心"——InnoCentive网站创立于2001年，吸纳了9万多名科研人才，成员包括波音、杜邦和宝洁等世界著名的跨国公司，现已经成为化学和生物领域的重要研发供求网络平台。宝洁公司是"创新中心"最早的企业用户之一，该公司引入"创新中心"的模式后，把公司外部的创新比例从原来的15%提高到50%，研发能力提高了60%。宝洁目前有9000多名研发员工，而公司外部的研发人员达到150万人。

　　高德纳（Gartner）作为全美最著名的咨询公司之一，在2012年发布的技术曲线中罗列出了全球正处于发展巅峰期的技术趋势，除了移动Web应用（Mobile Web Applications）、社交分析（Social Analytics）、大数据（Big Data）、云BPM（Cloud BPM）、数据库平台即服务（Database Platform as a Service，dbPaaS）之外，众包模式（Crowdsourcing）赫然在列。

　　众包是否"包治百病"？究竟适合哪些产业？它是颠覆了某个行业，还是只是改变了行业中现有的陈旧的组织架构？

在已有的众包模式的成功案例所涉及的行业名单中，我们看到了：非政府组织（Non-Governmental Organizations，NGO）、高精地图公司、医疗公司、软件开发企业、天气预报公司、设计公司、图片公司、网络文学公司、输入法公司、T恤衫制造商、翻译公司、租车公司、物流公司等，当然还有可能包括猎头。这份名单会继续扩大下去吗？哪些现存的商业模式将被彻底颠覆？哪些将被锦上添花？谁的利益将被侵犯？哪些行业从业者将通过众包得到更高的报酬呢？事实上，如果你还在纠结：众包究竟是治疗疑难杂症开门广纳智慧的灵丹还是企业创新失利走投无路的毒丸？我想，或许你正处于出局的边缘。

在这种背景下，众包已受到国内外学者的广泛关注。在过去的二十年间，国内外涌现了许多与众包相关的研究成果，如杰夫·豪以讲故事的形式，呈现了众包在经济、文化、商业和政治层面的重大意义；大卫·艾伦·格里尔详细介绍了众包的五大典型类型及其操作细则，即众赛、众筹、微任务、宏任务和自组织众包，可以说是一本系统、全面、实用性强的众包指南；文卡特·托马斯瓦米等学者阐明了为什么企业一定要选择众包，解决了企业如何进行众包这一难题；达伦·C. 布拉汉姆从众包的概念和理论、众包组织和众包的争议与未来方面论述众包模式，微言大义，理论深厚。此外，还有诸多学者聚焦更加细致的研究领域，如众包的详细界定、众包系统与模型、众包商业价值与优势、众包参与动机、众包对企业绩效的影响等。然而，对于众包的解读一直以来都过于离散，体系化值得加强。

本书内容源起于此，基于前人的研究成果，期望构建更为完整的框架。本书共四部分十一章，内容如下。

第一部分，讲述了众包源起，包括第一章（组织虚拟化与众包）和第二章（众包的概念、分类与理论基础）。

第二部分，讲述了众包市场，包括第三章（双边市场与市场主体）和第四章（众包系统模型与运作机制）。

第三部分，讲述了众包管理实践，包括第五章（新产品的众包）、第六章（众包营销实践）、第七章（众包与客户关系管理）和第八章（众包供应链管理）。

第四部分，讲述了众包的应用、风险与未来，包括第九章（众包蔓延与典型应用）、第十章（众包的风险与规避）和第十一章（众包的创新与未来）。

本书部分章节配有经典案例阅读和扩展学习资料，将理论结合实践，更易理解所述内容。

本书为湖北工业大学数字化转型"微专业"的系列书籍之一。面向国家产业数字化、数字产业化这一转型的特殊需求，以前沿管理理论为导向，湖北工业大学致力于培养具有扎实专业理论知识、具有较强系统分析和决策能力及创新意识的高级管理人才，同时具备处理转型中复杂问题的能力，满足高质量发展的系统思维和创新驱动发展需求。希望本书能帮助学生做好充分准备，得以在职业生涯中取得重大且可持续的成功，激励学生成为创新者和领导者，为社会作出积极贡献。

　　本书在编写过程中，参阅了国内外一些同类资料，受到不少启发和教益，谨向有关作者表示诚挚的谢意！由于作者水平所限，加之时间仓促，书中难免有疏漏或者不妥之处，敬请专家及同行批评指正。

赵　军

2022 年 12 月 27 日于巡司河畔

作者简介

赵军，管理学博士，现任职于湖北工业大学创新创业学院，于2009—2017年间先后任职于阿里巴巴集团、丝宝集团和宁美国度集团等，拥有8年企业管理和供应链管理实践经验。在攻读博士学位期间，聚焦于企业及其供应链数字化转型，至今已在 Information Technology and Management、SAGE Open、《管理学报》《商业经济与管理》《中国流通经济》等国内外著名期刊上发表论文十余篇，主持和参与了包括国家社会科学基金项目、湖北省社科基金项目、湖北省科技厅项目和武汉市社科基金项目在内的6个研究项目，入选湖北省高等学校优秀中青年创新团队计划"智能互联时代下的运营管理研究"等。

目 录

第一部分 众包源起

第一章 组织虚拟化与众包 2

第一节 组织的虚拟化趋势 2
  一、组织虚拟化的背景 2
  二、组织虚拟化的概念与特征 4
  三、业务退出战略 6

第二节 从外包到众包 7
  一、外包的起源 7
  二、外包的概念 8
  三、从外包到众包的发展 10

第三节 众包的兴起 11
  一、互联网技术与社交媒体的发展 12
  二、消费需求的转变 12
  三、企业创新与市场竞争的需要 13
  扩展学习：谁在拥抱众包革命 14

第二章 众包的概念、分类与理论基础 18

第一节 认识众包 18
  一、众包的概念 18
  二、众包的内涵 19
  三、众包的特征 20

第二节　众包的分类 22
      一、基于外部资源倾向的分类 22
      二、基于问题解决方案的分类 23
   第三节　众包的理论基础 26
      一、知识自组织理论 26
      二、资源基础观 28
      三、开放式创新模式 30
   案例阅读：小米 MIUI 的 100 个梦想赞助商 32

第二部分　众包市场

第三章　双边市场与市场主体 36
   第一节　双边市场的概念与特征 36
   第二节　众包中的双边市场 38
   第三节　众包主体 39
      一、任务发包方与发包动机 39
      二、任务接包方与接包动机 41
      三、众包平台与信任治理 42

第四章　众包系统模型与运作机制 45
   第一节　众包系统模型 45
      一、发包方子系统 45
      二、众包平台子系统 46
      三、接包方子系统 46
      四、任务反馈管理系统 47
      五、众包系统 IPO 框架 47
   第二节　众包运作关键机制 49
      一、交易机制 49
      二、定价机制 50
      三、产出机制 50
      四、激励机制 51
      五、防范机制 51

六、信用机制 52

七、信息整合机制 52

案例阅读：开源中国众包平台 54

第三部分　众包管理实践

第五章　新产品的众包 60

第一节　新产品开发与众包 61

第二节　新产品开发的众包任务划分 63

第三节　新产品众包开发框架 64

案例阅读：众包开发的波音787梦想客机 67

第六章　众包营销实践 68

第一节　认识众包营销 68

一、众包营销的概念与框架 68

二、众包营销的竞争优势 71

第二节　众包营销模式与细化策略 72

一、众智（Crowd-Wisdom） 72

二、众创（Crowd-Contest） 74

三、众决（Crowd-Vote） 75

四、众筹（Crowd-Funding） 76

五、微任务（Microtasking） 76

第三节　营销模块中的众包应用 77

一、基于众包模式的广告与促销策略 77

二、众包社区与企业品牌形象传播 78

三、市场调查中的众包视角 79

案例阅读：破解"气味"这道难题？汰渍的众包营销传播新策 80

第七章　众包与客户关系管理 83

第一节　众包对客户关系管理的影响 83

一、降低成本，增加收入 84

二、拓展市场..84
　　三、模糊客户和员工边界..84
第二节　众包模式下客户关系管理创新升级..84
　　一、客户关系管理创新升级的必要性..84
　　二、众包 CRM 的运行流程..85
　　案例阅读：甲骨文与众包 CRM..86

第八章　众包供应链管理..88

第一节　认识众包供应链..88
　　一、众包供应链的概念..88
　　二、众包供应链的特征..88
　　三、众包供应链的发展路径..89
第二节　众包供应链的结构路径和竞合策略..91
　　一、众包供应链的组织结构演化路径..91
　　二、众包供应链的竞合策略..93
　　案例阅读：海尔众包供应链模式..95

第四部分　众包的应用、风险与未来

第九章　众包蔓延与典型应用..100

第一节　科研众包..100
　　一、科研众包的概念..101
　　二、科研众包项目运作模式与平台用户参与行为..102
　　三、典型科研众包平台及功能分析..104
　　四、国内科研众包的未来与建议...105
　　扩展学习：科研众包平台 InnoCentive...108
第二节　医疗众包..111
　　一、众包模式在国外医疗行业的应用及特点...111
　　二、众包模式在我国医疗市场中应用的思考...113
　　扩展学习：医学众包平台 CrowdMed..115
第三节　公共管理中的众包..118
　　一、公共管理众包机制的要素设计..119

二、公共管理众包机制的类型划分 120
　　三、公共管理众包项目的评估 121
　　四、社交媒体时代下的政策众包模式 121
第四节　众包与新闻模式创新 122
　　一、众包新闻的概念和内涵 122
　　二、众包新闻的开源生产流程 123
　　三、众包新闻的优越性与困境 125
第五节　众包物流 127
　　一、众包物流的概念和基本类型 127
　　二、众包物流的运作模式 128
　　三、众包物流存在的问题及优化对策 129

第十章　众包的风险与规避 132

第一节　众包的风险 132
　　一、众包主体的风险行为 132
　　二、知识产权的困境 134
　　三、其他风险 135
第二节　众包风险的规避 136
　　一、完善知识产权制度 136
　　二、选择适合"众包"的任务 138
　　三、规避组织管理风险 140
　　四、规避信息风险和数据安全风险 141

第十一章　众包的创新与未来 142

第一节　众包结构关系的智慧化管理创新 142
第二节　基于区块链的众包模式创新 143
第三节　当机器学习"遇见"众包 146

参考文献 150

后　记 154

第一部分　众包源起

杰夫·豪于2006年6月在美国《连线》杂志中的一篇文章中首次提出了众包的概念，众包即一个公司或机构把过去由员工执行的工作任务，以自由自愿的形式外包给非特定的（而且通常是大型的）大众网络的做法。随后，杰夫·豪在其著作《众包：大众力量缘何推动商业未来》中提出了一个著名主张，"没有'众包'就无法实现长尾，协同生产方能与长尾相伴。"至此，一个新的商业模式——众包时代来临了。

第一章 组织虚拟化与众包

第一节 组织的虚拟化趋势

一、组织虚拟化的背景

自15世纪地理大发现以来，经济全球化便从最初的涓涓细流不断汇聚成席卷全球的滚滚浪潮，这是历史逻辑、实践逻辑和理论逻辑演进的必然结果，也是社会生产力发展到一定程度后的社会分工的细化要求，其发展趋势不可逆转。

自20世纪末开始，信息通信技术革命和互联网技术的发展破除了知识边界，为组织虚拟化提供了丰沃的土壤。组织虚拟化凭借独特的优势，破除了固有的产权关系，形成了以资产为纽带、以权威为基本运作逻辑的新的、动态性企业经营模式。这种企业经营模式在快速把握市场机遇，充分聚焦利用组织经营资源，精准满足顾客需求，进而推动组织技术革新，缩减交易成本费用，降低经营风险等方面扮演着至关重要的角色。

从组织虚拟化的背景来看，经济的全球化趋势直接推进了组织虚拟化的变革，因此，经济全球化应为影响组织虚拟化发展的第一个背景。1990年以来，东欧剧变、苏联解体等重大政治事件成为全球范围内经济转轨的重要标志，在世界各国政治政策发生剧变的大背景下，发展经济成为各国要务，各国纷纷推行市场经济转轨的改革并采取直接或间接措施吸引外资投入，推动经济要素在全球范围内流通，成为经济全球化的开端。企业迈入全球市场后，由于地区性差异，运行成本和交易成本成为跨国企业经营不可回避的昂贵成本。这些企业为了节约成本，纷纷采用"因地制宜"，而不是"一刀切"的方式建立全方位合作机制，跨国联盟、跨国外包等形式成为企业跨国经营的重要战略。通过以上战略，企业剥离不擅长或无法企及的功能和业务，交由当地合作伙伴完成，进而实现交易成本降低，盈利能力提升。自此，组织虚拟化迅速发展。

除经济趋势之外，市场变迁也是影响组织虚拟化快速发展的第二个背景。20世纪70年代以前，供给小于需求，企业的竞争优势往往集中在成本优先战略，然后是质量优先战略。21世纪初，供给远大于需求，企业的服务水平开始与产品成本和质量变得同等重要，服务也成为企业在21世纪的重要竞争战略之一。这些竞争优势背后核心要素的不断演化同样推动着技术和工艺的革新。不断革新的技术要求企业投入更多的研发成本，而企业还要面临不断扩大的经营风险和越来越短暂的产品生命周期。鉴于此，企业失去了对产品和服务独立研发的时间和资金成本，与拥有某一独特优势领域的企业合作来分担风险，降低研发成本，快速将产品和服务推向市场成为企业的自然选择。强强联合不只是简单提高了规模经济性，还是对市场中买卖关系发生根本性变化的应对。"生产主导逻辑"让位给"服务主导逻辑"后，消费结构也逐渐演化为"追求多样化、多元化、个性化和差异化"，标准化大规模生产方式受到前所未有的冲击和挑战，使得曾经在工业时代具有较高生产效率的一体化组织暴露出明显的缺陷：一是体系化组织的高资产专用性使得企业在生产能力调整和业务领域转换时面临桎梏；二是传统企业结构的分层管理机构导致企业缺乏市场柔性和敏捷性，失去了对市场的快速反应能力，决策准确度和速度也大大降低。为了在多变和不确定性的市场环境中寻求生存和发展，将组织进行虚拟化，聚焦核心业务能力成为企业的必然选择。

技术革新是组织虚拟化的第三个重要背景。从技术层面来看，以计算机设备和互联网技术为代表的信息通信技术的快速发展也为组织虚拟化提供了基础设施。自20世纪90年代后，信息通信技术的发展减少了信息传输的间接性、迂回性和时滞，还产生了"网络效应"，即"先下手为强"和"赢家通吃"，所有的企业都在使用网络的过程中获得了更大的价值。由于信息通信技术在信息的传递与交换方面的优势，它们不仅为企业提供了低成本优势，而且还为企业提供了建立、发展和管理跨越时间和空间工作关系的能力。同时，更快速的信息传输让企业在生产中变得更加敏捷和具有柔性，使企业可以迅速地调整生产规模和结构，响应市场变化。在信息经济时代，尽管企业相互之间表现为互补性功能的合作，存在依赖关系，但在丰富的信息流通之下，以往核心合作方的权力被更广泛和可得性更低的竞争对手更容易地切入企业的供应链名录，企业也可以以较低的成本更换合作方，企业的资产专用性也随之降低，从而为组织虚拟化的实现奠定了坚实的技术基础。波士顿尔菲集团董事长科勒·普罗斯曾言："虚拟组织更多是技术革新所向，而非源于思维方式的演化。"

二、组织虚拟化的概念与特征

"虚拟组织"（Virtual Organization）是由肯尼思·普瑞斯、史蒂文·戈德曼和罗杰·N·内格尔三人在1991年编写的一份重要报告——《21世纪制造企业研究：一个工业主导的观点》中首先提出的。在这份报告中，虚拟组织一词被第一次提出来，当时该词的含义很简单，仅作为一种比较重要的企业系统化革新手段被加以阐述。此后，虚拟组织概念不断得到发展，也日益受到重视，最终形成了一个被广为接受的概念，即虚拟组织是企业在有限的资源下，为了追求竞争优势而突破现有组织形态，只保留最核心的功能，而将其他功能虚拟化，然后通过各种方式与现有核心功能进行整合互补，实现可持续化经营的一种商业运营模式。显然，组织虚拟化源自虚拟组织，是虚拟组织的外部动态表达。

对组织虚拟化的实践和探讨已经有数十年时间，相关概念和核心要素基本达成了一致。国外学者提出了几种比较典型的观点：文卡特拉曼（Venkatraman）和亨德森（Henderson）从能力的视角来界定，认为组织虚拟化是组织的一种持续获得并协调关键竞争力的能力，通过设计合理的商业价值链与内外部管理机制来支持市场上的交付与价值增值；高德纳咨询公司副总裁汤姆·比特曼（Tom Bittman）认为，组织虚拟化是一种方法，即通过使用组织虚拟化方法，使得商业资源可以得到充分的利用，供给将自动地调整以此来满足需求。比特曼还将组织虚拟化分为三个阶段：第一阶段是整合和成本节约，第二阶段是敏捷性和速度，第三阶段是替代采购[①]。

相对于方法论的理解，国内学者更加肯定组织虚拟化是一种现实的存在，是现代化社会发展和分工细化的产物，是战略和策略的实施。例如，张星认为虚拟化超越了组织自身的资源范围，是组织从外部集智、聚力的战略，组织虚拟化的战略实施可以让企业充分运用外部的各种资源来弥补组织的缺陷，聚焦核心战略，凝聚更加强大的竞争优势。此外，李永春和肖成池等学者还认为，组织虚拟化本质是借势，是企业在知识经济时代中将企业内部组织化转向为外部组织化的策略。虚拟化组织与外部要素交换过程如图1-1所示。

以上观点都认为，组织虚拟化的实施使得组织更加集中于自身优势项目，非核心功能将通过外部协作的方式得以妥善解决，而空余出来的闲置资源将被集中于核心竞争力相关领域，使组织获得更好的生存与发展，同时它使人类实践活动从过去以物质和能量为基础的活动平台转移到以信息网络为基础的新平台上来。

---

① 本观点来源于汤姆·比特曼在 *Virtualization* 3.0 中的论述。

因此，组织虚拟化可以是一个方法、一种能力，也可以是一种战略和策略实施的具象产物，还可以是组织运营模式的一次转变。但是，不论组织虚拟化被如何定义，组织虚拟化的实施在提高组织应对快速变化市场能力，通过利用合作伙伴的优势力量来完善自身功能上的不足等方面具有充分的价值，通过组织虚拟化可以获得组织以往所不具备的能力和优势。

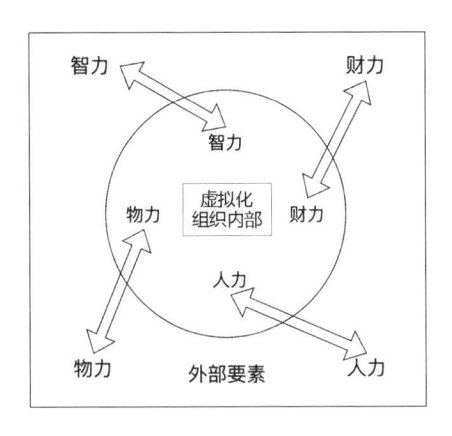

图 1-1　虚拟化组织与外部要素交换过程

从特征上来看，虚拟化的组织区别于传统组织，以现代通信技术、信息存储技术、机器智能产品为依托，来实现传统的组织结构、职能及目标，而且组织的虚拟化并不要求固定的地理空间，也没有时间限制。组织成员通过高度自律和高度的价值取向共同实现团队的共同目标。

具体而言，组织虚拟化具有合作型竞争、动态性、扁平化和学习性四种典型特征。

（1）合作型竞争特征强调实现组织虚拟化战略的组织会从备选伙伴中精选出合作伙伴，在某一共同目标上实现联盟，保证合作各方实现资源共享、优势互补和有效合作。一般情况下，在项目完成后联盟便可以解散，竞争态势持续。

（2）动态性是指组织能够动态地集合和利用资源，从而保持技术领先。虚拟化的组织与传统组织相比，表现出了更强烈的短暂性和临时性的特点，组织可以在较短的时间内快速有效地利用信息通信技术和网络技术，各成员企业以及各个环节的员工都能参与技术创新的研究和实施工作，从而维持技术领先地位，最终使企业能够集中面对转瞬即逝的市场机会。

（3）扁平化是虚拟化组织优化决策层级，缩减决策层和执行层之间的环节，使得决策的效率更高。经过优化后的决策管理架构可以让职能部门转化成以任务为导向、充分发挥个人能动性和多方面才能的过程小组，使企业的所有目标都直接或间接地通过团队来完成。

（4）学习性强调组织要建立一种适应动态变化的学习能力，不仅仅局限在避免组织犯错误或者是避免组织脱离既定的目标和规范，而是鼓励打破常规的探索性的试验，是一种允许出现错误的复杂的组织学习过程。它在很大程度上依赖于反馈机制，是一个循环的学习过程。

三、业务退出战略

业务退出战略不仅是组织虚拟化思想的重要外显表现，也是组织虚拟化实施的内在要求。业务退出战略的实现有利于组织聚焦核心业务，优化资源配置，是企业资源的再分配战略。有效的业务退出战略为非核心业务的剥离提供了战略保证，同时更是虚拟化实施的一种具体工具。

业务退出战略是指组织由于各种原因将产品、投资等从原有市场或产业领域退出，包括产品退出战略、产业退出战略和企业整体退出战略。产品退出战略指企业在生产经营中，根据产品的寿命周期、需求的变动以及该产品的企业边际贡献等对产品结构的调整；产业退出战略指企业根据自身的发展战略、国家产业政策和自身的资源情况做出的逐步从某些行业退出的决策，它表现为企业对现有产业结构的调整、非主业的剥离和集中资源发展主业的思路；企业整体退出战略指企业因各种原因整体出让投资收益差、控制力不强、不符合企业发展战略的经营单位或子公司控股权，它通过关闭、清算、破产、出售等形式实行退出。

企业的退出战略，大致可分为自然退出、被动退出和主动退出三种情况，真正意义上的退出战略应该是主动退出，在本质上与撤退、退却和紧缩等战略不同。组织实施退出战略本质上应该是组织发展过程中的一项重大战略调整，是向前发展战略的一种。通过退出战略，组织可以实现业务集聚，业务集聚可以使生产要素更专一化，降低组织成本，回避了不必要的代理成本，提高生产率可使企业以低成本或以差异化产品参与市场竞争。企业不仅要考虑待退出业务的现状和效益，更要考虑外来的竞争和挑战。经过市场退出并重组资源后，企业可将转换后的良性资源重新流入关键性资源的培育之中，或将其直接转换为外购关键性资源的其他有效形式，如战略外包。通过非核心业务的外包，企业将资源集中于企业的核心业务上，增强企业经营的灵活性，加快企业决策速度和降低管理成本；通过外包以较低成本获得更好的产品，降低企业一部分业务的成本；通过外包可以使企业避免因过度的前后整合带来的对产业涉足过深的经营风险。

第二节　从外包到众包

组织通过业务优化和退出行为实现关键核心业务集中，进而提升了核心竞争优势。如上所述，正确的业务退出是一种前进，而不是收缩和撤退，原有的非核心业务并非要取消，而是打包给具有更高竞争优势的第三方，重新整合资源，创造更大的竞争优势。因此，从根本和历史上讲，外包是一个组织对外部资源进行整合和利用的商业行为。

一、外包的起源

从语源上看，外包（outsourcing）作为一个英语单词最早出现于1982年。然而，外包作为一种组织的运作方式拥有着更长的历史。在外包出现之前，人们常用转包（subcontracting）作为外部资源的合作形式，如在16—18世纪，对外分活制作为现代企业制度的原始形式，就可以看到转包的雏形。转包的核心是契约或合同，因此可以被认为是外包的前身。Day曾给转包以非常接近于现在外包的定义，即转包是一种零部件或一项服务的采购活动，被采购的零部件与服务通常可以在主发包商自己的设施内实现经济生产，并且主发包商需要向供应商提供可行的详细规则。在实践中，转包被更多地用于如军事、航空、建筑等行业中。20世纪70年代后，公有企业私有化浪潮推动了真正意义上的外包活动的快速发展。从外包发展的历史来看，大体上经历了以下三个阶段。

（一）外包的萌芽阶段——20世纪80年代初到90年代初

1979年，英国通过分析形势、权衡利弊，决意推行私有化，自此，在全球范围内掀起了一股私有化浪潮。美国也开始对大量公用事业行业实现规制宽松化（deregulation）、纵向非一体化（disintegration），这些新经营模式的迅速普及极大地改变了公用事业领域传统极端纵向一体化的结构。私有化的爆发使企业实现大规模的业务流程重构，企业的组织形式也开始发生巨大的变化。业界对企业的评价实现了从规模性到营利性和增长性的转变，这一变革使企业从过于追求多元化发展战略开始转向重视业务退出战略，聚焦核心资本，外包活动空前增长。理论上，经济学家开始对传统一体化思想（包括纵向和横向）与跨组织协作的优劣势进行充分对比。此时，供应链思想萌芽。事实上，作为供应链管理思想的主要驱动因素——精益生产方式的核心内容之一，零部件供应商与企业之间日益紧密的合作关系赋予了"外包"一词新的生命力，使西方以汽车业为代表的各大制造商开始对传统大量生产方式中的极端一体化和厂商与供应商之间纯粹的竞争性合作关系进行扬弃。

（二）外包的普及时期——20世纪90年代初期到90年代中期

20世纪80年代的管理实践推动了20世纪90年代的管理思想大爆发，精益生产理念和敏捷生产理念以及"竞争优势"战略管理思想等至今仍活跃在理论界，学术界也对企业结构一体化的认识不断加深。20世纪90年代初期，企业界再次掀起了精益"瘦身运动"和结构调整的高潮。作为反向一体化的一种管理和组织方式，外包延续了之前企业重构运动的理念，再次成为精益企业的标配，外包在生产制造领域越来越普及。

（三）外包的扩张阶段——20世纪90年代中期以后

20世纪90年代中期以后，互联网和信息技术（Information Technology，IT）技术的快速发展标志着外包真正进入黄金扩张阶段。IT领域的成熟化和细分化使外包作为企业的一种管理方式的可操作性大大增强，这种管理革新也率先在IT领域得到充分应用。如Klepper和Jones对IT领域的外包进行了非常详细的论述，并给出了具体的操作文本，使外包纳入如同企业资源计划（Enterprise Resource Planning，ERP）实施一样的项目管理范畴。随着全球竞争加剧，组织结构向着小型化、扁平化甚至虚拟企业的方向发展，以IT、通信、网络及信息通信技术为代表的技术进步，新兴行业的兴起和企业对其核心能力的重视，外包开始涉及企业的几乎所有职能，从人力资源到智力资源，从物流到售后服务，从信息通信技术基础设施到管理部门等都有实践尝试。理论方面，供应链管理思想也在不断成熟，纵向一体化思想的进一步延伸使人们对外包的认识又多了一件"武器"。与此同时，由于外包已渗入社会经济领域的各个方面，人们已不再单纯地从企业管理方面去研究外包，而是从社会经济发展的各个角度对外包进行全方位的阐释，如公共服务领域的外包策略等。

二、外包的概念

20世纪末，管理大师彼得·德鲁克在其《大变革时代的管理》一书中曾说过这样一段话："再过10年或15年，组织也许会将所有'支持性'而不'产生收入'的工作以及所有不提供升入高级管理层职业机会的活动都委托给外单位去做。"在过去的20年间，德鲁克的预言在外包的迅速发展中得到了证实，外包已成为当前企业界与理论界关心的一个热点话题。

关于外包的界定，以往的学者大都从战略管理的视角进行阐述："外包是在企业内部资源有限的情况下，为取得更大的竞争优势，仅保留其最具竞争优势的核心资源，而把其他资源借助于外部最优秀的专业化资源予以重新整合并定位，达到降低成本、提高绩效、提升企业核心竞争力和增强企业对环境应变能力的一种管理模式。"外包具有如下基本特征：

（1）外包的内容可以从企业内部进行剥离并重新整合。

（2）外包除了涉及企业内外部的资源转移，还涉及企业管理机构职能的重新定位。

（3）外包活动的内容可以是重复的，也可以是一次性的。外包活动的双方既可以建立固定式的购买关系，也可以是一次性的合作关系。

（4）外包的形式介于完全自主与完全外购之间，而外包形式的选择或企业与供应商之间关系的密切程度取决于外包的内容对企业的重要性及在企业发展过程中的地位和贡献。

基于此，外包还可以论述为企业进行业务重构的过程中，整合在企业内部的某些业务职能或流程的部分或全部，连同其相关的资源（包括人员）及管理职能，按照一定的合作方式转移给外部产品或服务提供商，由产品或服务提供商按照规定的价格和水平提供产品或服务。

在现代业务的发展过程中，实践界也逐渐总结出优秀的外包服务商具有的典型特征，具体如下。

（一）主动挖掘并深入理解用户核心需求

外包公司需要契合客户的思路，理解客户的根本核心需求，并且想客户未想，主动帮助客户完善需求。优秀的外包服务商都会经过缜密的思考找到适合项目的产品结构和演化路径，从供应商、渠道、前端、客户群、销售、营销等方面去制定整个产品的发展路线和基本基调，遵守基本商业道德和责任心。

（二）服务流程透明

实践中，部分外包公司前倨后恭，企业很难追踪产品进度。如果出现层层转包的情况，企业的权益更加无法得到充分保障。因此，优秀的外包公司必须做到前后如一，确保服务流程过程透明，可追踪，并能够接受外部监督。

（三）技术水平精湛

技术水平高低的体现不在负责产品开发的人员多少，而在于流程是否具有规范性，即评判一个外包服务商的技术水平是否优秀，要看其有没有整体的规划，有没有细致的流程图、原型图、说明文档，有没有细致的开发计划、时间安排，有没有按时完成进度等体现技术水平的环节。

三、从外包到众包的发展

外包超越了企业的业务范围，完成了对企业资源的突破，因此，它可以被称为与企业并列的一种商业活动范式。显然，外包让企业更加聚焦核心竞争力，提升了企业的运行效率，这已经成为众多现代企业运转中不可缺少的一种分工协作方式。随着企业分工的深入发展，一种更有价值的商业模式——众包，正渗透到许多企业的生产实践中。如果说外包是专业化规模经济下的产物，强调的是剥离非核心业务，众包则更多受益于市场差异化、多样化带来的创新潜力，是更加个体的行为。众包，可以理解为是更广泛维度下的外包，是纵横交错的外包。

伴随着互联网的快速发展，企业的创新模式也在不断革新，这是资源全球化的紧迫要求。企业经历了封闭式创新到开放式创新，再经由开放式创新转变为当前常见的互联网和在线社区创新模式，最终演化为众包。这些变化都促使企业能够有机会以更低成本获取多样化的外部资源，在全球范围内实现资源的优化配置，在强调知识共享、信息共享的知识经济时代中，对企业的发展具有重要的意义。

显然，数字化、网络化、智能化的现代信息通信技术的发展为众包实践奠定了技术基础。一方面，现代信息通信技术的发展帮助企业突破时空限制，促进互动交流。而且，随着政府大力开展智慧城市和数字乡村建设，众包平台将关联越来越多的参与者，赋予普通公众平等、便捷的参与和互动的机会。另一方面，现代信息通信技术在提高算力水平、赋能数据处理能力方面至关重要，大数据、云计算等技术的纵深发展不仅拓宽了数据存储空间，还提升了数据处理的算力水平。无论是政府、企业还是第三方平台，都在建设或依托于公有云/私有云建设"智慧大脑"实现数据的有效汇聚、分析、可视化和共享，将为众包的后台数据处理提供成熟的技术支撑体系，使众包得以处理海量数据，实现智能自动的任务分发、精准快速的信息反馈。借着互联网发展的"东风"，众包已经在诸多领域实现了巨大的经济价值。

作为一种多维度外包，众包与外包有很多相似之处。首先，二者都是竞争日益激烈的市场经济产物，外包鼓励公司"有所为而有所不为"，众包鼓励消费者及用户深度参与企业的研发、运营等业务环节；其次，二者都扩大了组织的边界，一个将任务外包的组织外延可以包括它旗下的所有接包商，而一个将研发任务众包的企业则包括它所有的众包合作伙伴，甚至可以理解为每个互联网用户都是其组织的一员或潜在的一员；最后，二者都是网络时代的产物，正是网络的存在，使得地理和时间因素可以被忽略，而人力资源价格的不均等是这些商业模式产生的基本推动力。外包和众包的差异见表1-1。

表1-1 外包和众包的差异

差异因素	外　包	众　包
兴起时间	20世纪70年代末	21世纪初
互联网依赖	不局限于互联网	局限于互联网
实施动机	降低成本，提高效率	寻求创意，解决困难
实施风险	实施风险较大	实施风险较小
风险聚焦	违约风险	知识产权和道德风险
文化基础	合同硬文化	参与软文化
关系类型	雇佣关系	合作关系
发包对象选择	专业人士和机构	普通公众群体
发包对象数量	对象数量有限	不限制对象数量
产品生产者	生产商	消费者和潜在用户
付费情况	合同付费	结果选择满意付费

众包虽然是外包的深层次发展阶段，但二者同样存在诸多差异。正如宝洁公司所坚持的观点：外包是雇佣企业外部员工参与，而众包则是吸引外部人才参与到企业经营的创新与合作过程。显然，众包所体现的并不是外包中的雇佣关系，其核心是携手用户共创价值的理念，当前的产品开发逻辑已经从"产品主导逻辑"转向"消费主导逻辑"。除此之外，外包是社会细化分工的必然结果，高度专业化的服务商成为企业核心业务的补充，是规模经济发展到一定程度的产物。外包主张的是让专业的人干专业的事情，信赖的是专业化的机构和人士；众包则是吸纳社会力量，并没有强调高度专业化，而是倡导社会差异化、多样化带来的创新潜力，相信消费者的力量，是更加个体的行为。

第三节　众包的兴起

众包的出现是社会发展、经济和科技实力达到一定水平的产物，其兴起的原因主要是互联网技术与社交媒体的发展、个体需求与消费者意识的转变、企业创新与市场竞争的需要。众包对"企业"形式有了新的解读。众包出现之前，企业是划分职业与业余的分界线，企业之外的人为业余人员，企业之内的人为职业人员。如果说拥有传统经营结构和业务职能的企业是职业主义的代称，在众包中，"企业"这种形式被解构的一个独特标志，是业余主义对职业主义的侵入，企业之外的人，与企业之内的人，已经通过互联网融合在一起，企业的"院墙"已经消失。因此，众包本质上是在重构企业的价值网络，突破企业的资本专用性边界，进而实现跨组织共享信息资源、配置实体资源、优化人力资源的功能，最终发挥企业外部个体的能动性、创造性。

一、互联网技术与社交媒体的发展

基于互联网的信息通信技术和协作式社交媒体的发展使得人们将自己的创意传递到世界各地成为可能，而随时随地的知识共享则对社会的发展产生了很大的影响。价值中国网首席执行官林永青认为，网民是众包得以发展的基础条件之一，互联网逐渐呈现出大众社会媒体的形态，并扮演着众包模式下生产型消费者的创新媒介角色。网络强大的资源整合能力，让互联网时代的"众包"成为真正意义上的众包。

数据显示[①]，截至2021年底，全球网民数量已突破49亿人，占全球总人数的63%。中国网民规模已达10.32亿人，较2020年12月增长4296万人，互联网普及率达73%，移动网民超10亿人。移动网民数量的快速增长，不仅为众包创新模式的快速发展提供了丰富、持续、稳定的人力资源支撑，也为其提供了优质的基础平台和实现条件。从技术层面上看，以大数据、物联网、移动互联网、云计算为代表的新的信息通信技术的飞速发展，为众包模式的兴起和发展创造了良好的技术条件。互联网技术在推动分布式协作系统的形成以及人力资源整合方面起到了关键作用。互联网所创造的虚拟空间打破了个体参与众包活动的时间和地域限制，使得大众的闲散时间得到了有效利用，企业可借助网络平台，并通过众包模式将分布在世界各地且具有不同技能、文化、知识背景的能力者聚集在一起进行交流与协作，最终为企业所用。同时，互联网的发展也大大降低了个体的参与门槛和成本。

二、消费需求的转变

在传统的工业经济时代，工业思维把消费者看成是棱角一致的"大众脸"，看不到消费者鲜活的个性，追求产品导向，实行大规模的标准化生产和销售，根

[①] 数据来源于国际电信联盟（ITU）《2021年网络发展报告》和中国互联网络信息中心（CNNIC）《中国互联网络发展状况统计报告》。

本无法满足新时代消费者的个性化需求。伴随着社会生产力和技术水平的不断提高,"生产主导逻辑"被"消费主导逻辑"所取代,消费者的个体需求日益差异化、个性化和多样化,消费者主权时代把每一个潜在用户都看成是独具个性的个体,企业在满足个性化需求的同时,注重与用户的互动和反馈,充分尊重用户的消费意愿,建立消费平等、消费民主和消费自由的场景,这为众包提供了市场条件。

消费需求转变对众包兴起的影响主要体现在两个方面:一方面,消费者对于企业产品和服务质量更加追求其中的个性化因素,而众包的出现恰好为消费者赢得了话语权;另一方面,用户参与社会化生产的需求日益强烈,消费者为获得更好的服务体验,希望能由自己去控制其所接受的产品或服务。消费者掌握了营销和信息传播的主动权,他们可以在产品设计之初就提出自己的意见和理念,让产品融入自己的创作元素。因为消费者是最了解自身需求的人,而他们要求通过运用个人智慧参与到产品的创新研发、设计制作等过程中去,制造出符合自身需求的个性化产品与服务。消费者还可以选择接受自己感兴趣的宣传信息,并向身边的好友分享、传播,比如消费者在微信看到一条有趣的广告,并转发到自己的微信朋友圈并向好友推荐的过程,就实现了主动选择和主动传播信息。此外,大众化技术(如设备、软件和硬件)的普及也为大众进行设计、创造和卖出其产品和服务提供了便利。事实上,社会教育水平也在不断提升,与生产技术进步带来的劳动力解放共同推动个体创造性的释放,个体参与到企业的价值创造中的意愿越来越强烈,在满足自身精神和物质需求的同时,也可以为企业创新提供所需要的知识、技能等。

三、企业创新与市场竞争的需要

互联网的普及和"服务主导逻辑"观念的改变,对企业开展创新活动提出了更高的要求。传统的封闭式创新模式和半开放式创新模式已难以满足信息时代消费者的个性化需求,在这种情况下,以"众包"为代表的利用大众智慧的开放式创新给企业传统的创新模式带来了巨大的冲击。

开放式创新是一种通过均衡协调企业内外资源,为企业创新活动服务的创新范式。而众包则正是开放式创新模式下的一种资源的由外向内的内向整合,它将企业内部环境和外部资源进行分析,寻找并吸引外部创新资源进入企业,并将其与内部创新资源进行有效整合,从而更好地服务于企业创新。事实上,众包不仅克服了企业内部的资源惰性和智力资本的局限性,也改变了企业的传统研发路径,由内及外的传统研发路径被由外及内的研发逻辑所取代,闭环式和半开放式的创新模式被基于"众包"的开放式的创新模式所取代。可以说，企业在发展过程中所遭遇的创新瓶颈和智力桎梏是推动众包兴起的重要原因之一。企业要想在激烈的外部竞争中取胜，就必须具有强大的创新能力，而来自外部智力资源的冲击与碰撞则是企业弥补其创新能力不足、避免增长停滞的重要途径。可见，企业对创新的渴望推动了众包的发展，同时也使众包成为新的创新趋势而备受社会各界的青睐。

扩展学习：谁在拥抱众包革命

众包在各领域和各项目的发展见表 1-2。

表 1-2　众包在各领域和各项目的发展

众包领域	众包项目	项目描述
导航 App	Waze	2012 年，全球共有 3600 万名用户使用了 Waze 的应用进行导航，行驶了 96.6 亿公里，分享了 9000 万份用户报告。2012 年，来自 110 个国家、总数 6.5 万名的地图编辑人员对地图做了 5 亿次编辑，并更新了 170 万处发生了变动的地图信息。数据显示，系统检测出来的地图问题当中有近 70% 在一个月内就被解决掉，几乎所有由用户发现的问题都能在一周内得到处理。早在 2011 年，Waze 就获得 KPCB 及李嘉诚旗下的维港投资共计 3000 万美元的投资
天气预报	Weddar	Weddar 是社会化的众包天气报告应用，背后的创意非常简单：用户想知道某地的天气状况，更倾向于相信当地人的真实报告，而且用户还能和报告天气状况的人取得联系以更好地提前做好衣物准备。用户可以使用自己的社交账号登录该应用，然后选择一个认为合适的天气状况（该应用提供了从"热死了"到"冻死了"各种不同程度的选择），此外还可以加入一些其他的描述，如关于云、雨、风等的相关情况。每个人报告的天气状况都会以一朵云的图标显示在地图上，并且这一天气状况只表明其半径几百米内的天气信息以保证其更加可靠
视频广告	Tongal	Tongal 向大企业提供一个视频广告众包平台，将企业与作家、导演、演员、社交媒体专家以及其他内容创造者联系在一起。在这一视频广告众包平台上，大品牌提出"创新需求"，社区成员用他们的创新广告想法来进行竞争，获胜者可以得到赏金，大品牌则收获一个极具创新的广告。这一过程的成本之低，是以往的广告拍摄模式所不能匹敌的

续表

众包领域	众包项目	项目描述
平面设计	99designs	99designs 的角色是介于客户公司和平面设计师之间的中间人。在网站上，来自客户的网页设计、Logo 设计和包装设计等项目作为一项项"竞赛"展示在网页上，设计师不需要事先申请项目，只需要把为客户度身定制的作品直接提交到网站，即可参加竞赛，由公司决定胜出作品。99designs 已经成功受理超 4 万个平面设计项目，客户包括一些著名品牌公司以及成百上千的小企业
图片共享	iStockphoto	iStockphoto 原本是一个免费的图片共享和交流网站，每张图片价格仅在 1～5 美元之间（尺寸大、像素高的图片最高售价也不超过 40 美元）。它之所以能提供如此廉价的图片作品，完全得益于它的 2.2 万名业余摄影爱好者的贡献，他们的照片每被使用一次，iStockphoto 仅需支付几十美分。iStockphoto 和其他类似的众包图片社一度引起了大型专业图片社的恐慌。2006 年 2 月，占据全球市场份额 30% 的盖蒂图片社（Getty Images）以 5000 万美元的价格收购了 iStockphoto。之前 iStockphoto 收入的月增长率达到了 14%，其 2006 年被购买的图片数量达到 1000 万张——这是盖蒂图片社售出的昂贵的专业图片数量的几倍。iStockphoto 客户包括一些等大型公司和机构
产品设计	Threadless	美国芝加哥的无线 T 恤公司（Threadless）利用众包来设计新 T 恤。该公司网站每周都会收到上百件来自业余或专业艺术家的设计。然后他们把这些设计放在网站上让用户打分。每周有 4～6 件得分最高的 T 恤设计会被投入制造，然而能不能量产还要看公司是否收到足够多的预订单——只有预订单达到一定数量的 T 恤才会正式被排入生产线。无线 T 恤公司每周会颁给得分最高的设计者奖牌和 2000 美元奖金，还会把设计者的名字印在每件 T 恤的商标上。无线 T 恤公司省下了雇用设计师的费用
人力资源	人人猎头	人人猎头是移动互联网时代众包招聘的创新者。它采用企业悬赏招聘的方式，在众多网络平台（包括自营的移动应用、微信、微博、合作网站等）发布悬赏职位，鼓励用户推荐或者自荐进行应聘。产品上线后实现了百万人民币的营收并完成了首轮千万量级的融资
物流配送	美团众包	美团众包是美团旗下为兼职送外卖的骑手发布的一款软件。美团发布的《2020 上半年骑手就业报告》，通过美团获得收入的骑手总数已经达到了 295.2 万人。在疫情期间，"兼职做骑手"成为就业新趋势，近四成骑手有其他职业，其中不乏律师、舞蹈演员、导演、企业中层管理者、金融从业者、软件工程师等群体

续表

众包领域	众包项目	项目描述
软件开发	开源众包	开源中国众包平台依托开源中国社区人气及"码云"（Gitee）对软件项目开发的全流程支持，很好地实现了项目交易、资金托管、诚信管理、项目流程监控和管理。它以一种新方式解决"找活"和"找人"的难题。它采用"实施费用先托管"的模式，需求方在发布项目实施阶段分别托管相应的保证金、实施费用，平台将对该费用进行冻结。项目实施验收通过完成后，解冻实施费用至接包方。开源众包平台已实现 1 亿元人民币的项目成交总额，115000 个累计项目数，累计收益开发者逾 5000 人
政府政策	啄木鸟——禅城管家	佛山市禅城区开发了"啄木鸟——禅城管家"小程序，让每一位市民都化身为"城市管家"和"守护城市森林的啄木鸟"。该平台采用"众包抢单"模式，针对 15 类市容乱象，为市民提供了快速拍照上报、"抢单"自行处理容易整改的市容乱象渠道，"乘众智、聚众力"，解决城市治理难题
AI（人工智能）数据标注	ImageNet	2009 年，时任斯坦福大学助理教授的李飞飞，在 2009 年 IEEE 国际计算机视觉与模式识别会议（CVPR）上发表了一篇名为 *ImageNet: A Large-Scale Hierarchical Image Database* 的论文。来自全球 167 个国家近 5 万名工作者以众包的方式，通过三年的合作努力，标注出了 1500 万张图像，最终成为 AI 历史上具有标志性意义的数据集。从 2010—2016 年，李飞飞等发起的 ImageNet 挑战赛取得了惊人的成绩，其中分类错误率从 0.28 降到了 0.03，物体识别的平均准确率从 0.23 上升到了 0.66
医疗领域	CrowdMed	CrowdMed 提供定制的、全面的医疗服务。他们通过网络集结了一批"医学侦探"——通常是退休医生、护士、医学专业的学生、研究人员和曾罹患疾病但痊愈了的群体。CrowdMed 的运作流程是：患者登录网站，注册，填写问卷，然后提交病例，并上传以往的诊断和化验及各项检查的结果。有的患者甚至会上传完整的病历。之后网站会自动对上述资料做前期处理和准备，然后生成病例。这一步骤完成之后，CrowdMed 会有一套精准科学的程序，可以协助医学侦探选择与其专业领域相匹配的病例，之后医生与患者、医生与医生之间进行大量的沟通，最终给出诊断及治疗建议。CrowdMed 向用户收取月费：初级套餐（99 美元）、标准套餐（149 美元）和高级套餐（249 美元）

续表

众包领域	众包项目	项目描述
科研领域	Crowd Research	由加州大学圣克鲁兹分校和斯坦福大学联合发起的科研众包项目，通过在线招募吸引了一大批公众研究人员，扩展了研究队伍，强调了科学研究和学术交流的开放性；不需要预先定义项目目标及工作流，所有项目均是在专业科研人员的指导下，由公众科研人员协同完成的，体现了项目实施的灵活性及可扩展性；确立了里程碑、视频会议等新型在线科研协作方法；为多人合作完成的科研成果提供了个人贡献的识别方法

第二章　众包的概念、分类与理论基础

第一节　认识众包

一、众包的概念

早在 2005 年，中国学者刘锋就提出了"威客"一词，侧重从计算机（信息）技术方面来阐释"众包"商业模式。威客的英文 Witkey 由 wit（智慧）、key（钥匙）两个单词组成，是指那些通过互联网把自己的智慧、知识、能力、经验转换成实际收益的人，他们在互联网上通过解决科学、技术、工作、生活、学习中的问题从而让知识、智慧、经验、技能体现经济价值。

杰夫·豪在 The rise of Crowdsouring 中正式提出了众包的概念，即一个公司或机构将过去由员工执行的工作任务，以自由自愿的形式外包给非特定的（而且通常是大型的）网络大众的做法。众包不仅可以实现大众对于金钱、知识、经验、个人技能发展的满足感，还可帮助企业根据不同活动类型的需要挖掘用户智慧，为企业赢得竞争优势。随着众包实践的发展，诸多学者从研究需要出发，不断丰富发展众包定义。从历史研究来看，众包定义主要与三个领域相关：信息通信技术领域、商业领域和知识创造领域。

（一）信息通信技术领域

基于信息通信技术的资源共享化、云端服务化、服务对象化和通信信息化的新信息通信技术时代为众包提供了肥沃的土壤。众包模式将人的知识、智慧、经验、技能通过互联网转换成实际收益，从而达到各取所需的目的。诸多学者认为，众包依赖于信息通信技术，是"以信息通信技术为基础"，甚至在克利曼（Kleeman）等学者的观点中，众包真正起源于基于计算机网络的开源商业模式的发展。

（二）商业领域

学者普遍认为，众包模式是一种新型商业模式，对其探讨包括但不限于众包模型、众包方式、众包商业模式、众包博弈行为的结果等要素。其中，众包模型为发包方（企业）、众包中介（众包平台）、接包方（众包参与者）三种。发包方包括企业、非营利性组织、政府机构，甚至是个体；众包中介则主要指依赖于现代信息通信技术，尤其是互联网而存在的自建或第三方平台；接包方同发包方类似，同样包括企业、机构、个体或非营利性组织。众包方式主要是"公开发起"的形式。众包对发包方、接包方和众包中介都有利，众包被普遍认为是互惠互利的商业活动。众包博弈行为则主要讨论发包方和接包方在众包过程中的发包和解答行为。

（三）知识创造领域

在很多情况下，公司发布众包任务的前提是需要多样化的创意来源，而创意的多样化自然离不开广泛的知识创造。众包活动是参与者创造知识，任务发布、公司选择、吸收知识，参与者将知识转移给公司的过程；而众包平台是知识创造、共享、转移的平台。作为知识、人才、企业需求相互匹配的一种商业模式，众包是公司获得外部知识的方式，是外部智力创造并转移的通道。

二、众包的内涵

众包是基于信息通信技术发展的新形态商业模式，其内涵丰富，主要体现在以下几点：

（1）众包与开放式创新、大众生产、用户创造等商业模式密切相关。其中，开放式创新强调从依靠公司内部创新到公司外部创新的改变，扩大企业边界，丰富企业创新源。大众生产主要是依靠个人形成的自组社区进行生产和提供服务，强调与专业人士相对的大众聚沙成塔的力量以及互动与协作，是 Web 2.0 时代新的知识生产方式。大众生产中强调大众共同协作形成合力产生价值的理念被众包吸收并发展。众包也向着参与者共同合作的趋势发展，且参与者可以是个人。用户创造指的是某种产品或服务的消费者为产品的设计、生产等过程或服务的提供提出建议、设计方案甚至参与生产等。

（2）众包参与者的范围更加广泛。众包参与者可以是任何人、任何组织或者其他一切能够完成任务的企业外部用户。这些外部用户可以是营利性或非营利性的组织，也可以是专家或者业余爱好者等个体。

（3）众包的奖励机制多元化。众包发包方与接包方类似，可以是任何人和组织，奖励机制可以是精神奖励，也可以是物质奖励。

（4）众包流程公开透明。众包平台主要是基于互联网等现代信息通信技术平台，以公开号召的方式进行，公开发布，公开接包，公开结果。

（5）众包的结果具有互惠互利性。众包发包方通常以相对较低的成本（时间、资金成本）获得多样化的解决方案。众包参与者因为完成了众包任务而获得物质或精神收益。众包平台提供服务，收取相应的服务佣金。

（6）众包模式内藏危机。除了参与者数量、任务完成度和任务完成质量具有高度不确定性之外，由于缺乏严格的检测机制，知识产权纠纷等问题很难规避。

三、众包的特征

（一）众包既是外包的延续，也是外包的颠覆

在外包过程中，企业利用并整合外部专业化资源，达到降本增效、提高自身核心竞争力和环境应变能力的目的，可以说外包是社会专业化分工的结果，也是规模经济的产物。外包强调的是企业应该"有所为有所不为"，信赖的是专业组织和专业人士，主张"让专业的人干专业的事"。而众包则是信息通信技术发展到一定阶段彰显的产物，强调的是社会差异性、多元性带来的创新潜力，倚重的是"草根阶层"，相信"人民的智慧是无穷的"，主张"三个臭皮匠顶个诸葛亮"。有学者认为，众包是外包的延续，因为众包将外包的接包方扩大为"草根阶层"，扩展了外包的维度，重新界定了参与者的范围。然而，也有学者和实践者持有反对意见，认为众包是对外包的颠覆，是对专业分工和规模经济的颠覆。正如宝洁公司负责科技创新的副总裁拉里·休斯顿（Larry Huston）所言："人们认为众包就是外包，但这肯定是一种误解。外包是指我们雇佣人员为我们提供服务，这和雇佣关系没多大区别；但众包是指从外部吸引人才来参与，使他们参与到广阔的创新与合作过程中来。因此这是两个完全不同的概念。"本书认为，众包的出现是外包和信息通信技术协同发展的结果，是外包的延续；但是众包又同时阻碍了专业分工和规模经济的发展，反而强调通过差异化获得核心竞争力，因此也是外包的颠覆。

（二）众包蕴含着"携手用户协同创新"的理念

众包意味着产品设计由原来的以生产商为主导的方式渐渐转为以消费者为主

导，这是因为没有人能比消费者更早、更准确地了解自己的需求。因此，如果在产品设计过程中尽早吸收消费者的主观意见，尽早让消费者参与进来，企业的产品将更具创造力，也更容易适应市场需求并获得利润上的保证。

位于美国芝加哥的"无线T恤公司"尝到了利用众包设计新T恤的甜头。该公司网站每周都会收到上百件来自业余"粉丝"或专业艺术家的设计，然后他们把这些设计放到网站上来让用户去"评头论足"，其中得分较高的4～6件设计会进入量产备选名单中，然而最终能否被量产还要看公司是否能够收到足够多的订单。这种模式，使得"三赢"的局面基本上形成：外部设计者的创意得到了充分的发挥，分数最高的人不但获得了2000美元的奖金及奖牌，设计者的名字也会被印在每件T恤上；而大众的参与度也得到了满足，满意度得到了大大的提升；这种T恤的设计不仅节省了公司雇用专业设计师的费用，而且只需要生产有足够多订单的产品，所以几乎是稳赚不赔的。

（三）众包延伸了创新的边界

企业的传统创新模式大多为闭环创新或半开放创新，如今，越来越多的企业学会了采用"内外结合"的方式，并渐渐放眼外部，去借助社会资源提升自身的创新实力。2001年创立的InnoCentive网站就是一个典型的例子，目前它已成为化学和生物领域中极为重要的研发供求网络平台。由波音、宝洁和杜邦等众多的跨国公司组成的"寻求者（seeker）阵营"都纷纷把各自的研发难题放到"创新中心"上，等待着由网络背后的9万多名自由科研人才组成的"解决者（solver）阵营"来解决。一旦解决者成功地解决了这些问题，这些"解决者"将获得1万～10万美元的酬劳。宝洁公司借助"创新中心"以及Your Encore和Nine Sigma等外部研发人才交流平台，获得了丰硕的成果：内部研发人员依然维持在9000人左右，但外部研发人员却高达150万人；外部创新比例从2000年的15%提高到2005年的50%；公司整体研发能力提高了60%。

（四）草根创新不容忽视

草根一词，始于19世纪的美国，在淘金热的年代，盛传着这样一句话：山脉土壤表层草根生长茂盛的地方，下面就蕴藏着黄金。后来"草根"被引入社会学领域，就被赋予了"基层民众"的内涵。因此，草根创新的其中一层含义便是来自基层的创新。

草根创新作为开放式创新和包容式创新的重要组成部分，强调草根群体对创新活动的主动参与以及自我价值的实现。轰轰烈烈的软件开源运动充分证明，由网民协作写出的程序，质量并不低于微软、甲骨文等大公司的程序员开发的产品。

第二节 众包的分类

一、基于外部资源倾向的分类

杰夫·豪认为："众包是一大堆行为的集合，涉及的领域非常之广。"从对外部资源和力量的利用倾向来看，众包具有以下四种主要类型：

（一）群体智能

群体智能是利用群体的智能去预测未来并解决棘手的问题。利用群体智能又分为三种方式，第一种是预测市场，利用群体的异质性获取较为准确的判断结果；第二种是"众播"，需要帮助的人将问题在网络上公开，这样问题就会被一些身份无法确定，但能帮得上忙的人看到；第三种是"点子汇"，汇集多样性人群的解决方案。这一类型的众包重点在于利用大众已知的事情。群体智能的典型案例，在国外有"创新中心"，在国内有猪八戒网、威客中国、百度知道、知乎等。

（二）大众创造

大众创造是利用大众的创造性能量生产内容，即用户生产内容。其内容包括新闻、翻译品、娱乐等创意制品。这种众包需要一个健全的社区，成员间对自己的技能要有所承诺。这种众包往往没有传统形式上的奖金，劳动的过程就是意义。大众创造的典型案例，如国内的知乎、MBA百科、优酷、简书、抖音等。

（三）大众筛选

大众筛选是利用群体过滤和整理网上海量的信息。网上的信息，尤其是用户产生的内容，只有少部分是精品。众包中的部分人会参与到众包的评价之中，起到去芜存菁的作用。大众筛选被广泛应用于各种场景，很多内容网站通过点赞等方式进行筛选，亚马逊、淘宝等电商网站通过客户评价等方式进行筛选。大众筛选具有很高的渗透性，可以和其他几种众包方式有机结合。

（四）众筹

众包不仅能对信息和劳动力进行整合，还能对资源进行整合。众筹是利用群众的钱包来筹措资金，通过聚合大众的钱，直接和需要钱的人联系起来。国内有诸多众筹平台，如淘宝众筹、点名时间等。

二、基于问题解决方案的分类

众包在实践领域还有另外一种分类模式[①]，即竞赛、协作社区、大众互补者和劳动市场，不同的形式适合不同的问题类型。

（一）竞赛

竞赛主要应用于那些解决方案所需的技能组合或者技术方法并不明晰的问题。举办一场竞赛类似于开展一系列独立的实验，在理想的情况下，可以从中看到多种多样的解决方案。当然，公司最终可能只会采用其中一个解决方案，但是如果对众多解决方案一一进行评估，尤其是当解决方案大量聚集在某一领域时，公司就可以掌握"科技前沿"（相反，内部研发部门可能寡见少闻，创造出的信息远不及此丰富，而且始终无法判断是否还有更好的解决方案）。因此，竞赛最适合解决复杂、新奇或尚不存在最佳实践方法的问题，尤其是当公司无法事前预知最佳解决方案时。

竞赛还可以有效地解决设计问题，此类问题的方案评估容易受到创造性和主观性的影响。当然，举办众包竞赛也存在着管理挑战。首先是问题遴选，问题必须极其重要，并值得反复进行实验。然后，将问题从企业内"剥离"，进行解释或者泛化处理，让大众一目了然。此外，问题还必须做到"抽象"，以避免泄露公司的具体细节。这可能涉及将它分解成多个子问题和小竞赛。最后，竞赛的设置必须确保产生的解决方案能被采用。最重要的是，主办方必须在一开始就设计出一套评分系统和奖励方案，并严格执行。此外，为了保护知识产权，竞赛还必须设立明确的合同条款和技术规范。

2022年6月24日，华为启动第三届全球应用创新大赛。Apps UP 大赛是华为举办的全球性应用创新赛事，旨在与全球开发者共同打造万物智联、亿亿连接的应用生态，鼓励开发者开拓创新，有机融合人、设备、场景，构建一致性应用体验，持续探索全场景智慧体验。大赛在全球五大赛区分别开展，包括中国赛区、欧洲赛区、亚太赛区、中东非赛区及拉美赛区，设置最佳应用奖、全场景创新奖、最具社会价值奖、校园创新奖等奖项，全球奖金高达百万美元，激励更多的新鲜

---

① 本观点源于《哈佛商业评论》2013年4月《独创新不如众创新》。

血液融入华为移动服务（Huawei Mobile Services，HMS）全球生态沃土。大赛共设报名与作品提交、预选赛、大众评审、分赛区总决赛 4 个环节。大赛邀请了全球技术专家、投资机构高层、互联网公司首席执行官和创始人、资深科技媒体人及公益组织代表等多领域专业人士参与评审，为全球参赛者提供最具专业和前瞻性的指导意见。经过两年的赛事，有近万名开发者参与到了华为全球应用创新大赛之中，产生了多个优秀且具有社会价值的应用。启动仪式上公开的数据显示，华为全球注册开发者的数量已超过 540 万人，自 2021 年 7 月 HMS Core 6 面向全球上线至今，全球集成 HMS Core 的应用也已超过 20.3 万个。①

（二）协作社区

与竞赛一样，协作社区的历史源远流长。竞赛是单枪匹马作战，实现多样化实验的价值最大化，而社区则类似于传统企业，它将多名贡献者的成果进行编排，整合成一个连贯的整体，实现价值的创造。跟企业一样，社区需首先评估哪些成果应该整合到最终的成果中，然后借助技术和程序完成该任务。社区的优异表现主要归功于其多元化，但是缺乏凝聚力也是社区不可回避的问题之一。此时，企业会通过设立与其价值相吻合的结构和系统（如激励机制）形成凝聚力。公司雇用那些与系统相符的员工，经过合理搭配，员工之间可以直接互动交往，从而实现文化共享。此外，员工只在公司专注的狭窄领域获得特定经验和知识；相反，大众社区吸引来自世界各地的成员，他们来自不同的公司、领域和行业，兴趣和动机也不尽相同，管理的难度更大，但获得的经验和知识也更丰富。

一些大型的企业也可以打造自己的社区，但是可能旷日持久且任务艰巨。企业需要提供专业的协调资源进行管理，而大多数企业仅能提供较少的资源。实践中，也有诸多成功的案例，最为典型的案例就是 Linux 内核开发社区，此外，在 Github 平台中，诸多开源项目的语言范围扩充都是通过社区协作的方式完成的。

（三）大众互补者

大众互补者是众包问题解决思路的第三种形式，它将产品或服务建立在公司的核心产品或技术之上，并将产品有效地转化为刺激互补创新的平台，如 iTunes 播客和 App Store 应用商店围绕着苹果的核心产品（包括 iPhone、iPad 和 Macbook）开展创新。分布在世界各地的开发人员借助苹果公司的平台，创建出

---

① 相关信息来源于 Apps UP 2022 华为全球应用创新大赛官网。

了惊人数量的互补创新,如各式各样的软件应用和用户原创播客。大众互补者与竞赛和协作社区的差异在于,它并不是针对某一个特定的问题,而是致力于满足不同问题,提供数量众多的解决方案。从某种意义上来看,众包的需求是对企业的核心产品的外延。例如,在类似 iTunes 和 App Store 这样的平台上,大众互补者将他们的产品销售给核心产品的客户(如 iPhone 用户),平台的核心业务是从中收取开发许可或交易收入。互补产品多种多样,除了创造收入之外,其日益增强的功用性还能扩大用户对产品本身的需求。反之,需求的增加进而推动互补创新供应的增加,营造出良好的网络效应。

当然,大众并不总是互补创新的最佳人选。当互补产品要求规模庞大并快速形成规模效应时,部署得当的大众互补者可以形成强大的竞争优势。正是依靠它们,苹果得以强势进入音频市场和智能手机市场,挤掉了音频市场上一些较大的生产商,如丹麦的铂傲音响(Bang & Olufsen)公司和博士(Bose)公司,打败了智能手机市场上的黑莓、诺基亚和索尼。福特汽车公司紧随其后,计划将它的汽车电子、娱乐和硬件系统打造成一个开放平台,供外部开发者创新。福特的理由是外部开发者的创新会为它的产品制造出更多的需求和价值,提高它与谷歌的竞争能力。目前,它们的竞争主要在汽车相关服务领域,如地图、行车通知、地理定位和社会信息等。在受到谷歌移动服务(Google Mobile Service,GMS)框架限制后,华为为了快速摆脱谷歌的开发框架,必须要尽快搭建自己的生态系统 HMS,此时大众才是最佳支持者。事实上,在宣布华为禁用 GMS 框架的第二个月,就有 300 多家应用和服务合作伙伴表态将参与鸿蒙系统的生态设计。[1]

不过,企业采用大众互补者这种众包模式时也会遇到诸多挑战。第一个挑战,企业必须开放其核心产品的功能和信息。公司可以借助技术接口或钩子(Hooks),实现外部开发人员零阻力互补创新。简单的核心产品,如一个网站的数据填充,处理起来较为容易。如果互补者需要接触到核心产品功能,并建立在核心的基础之上,那么挑战就比较艰巨。第三方开发者开发互补应用程序时,必须要使用应用程序编程接口(API)来访问软件供应商的产品。公司若能以自身平台为中心聚集起一群互补者,也大有裨益。正如微软和苹果建立起来的庞大的生态系统,其操作模式刺激大众互补者和客户端开展积极互动,促进增长。第二个挑战,当公司的技术和资产暴露给大众时,如何确保这些技术和资产受到保护是一个重要的话题。通常情况下,规范的开发者协议或合同形式已经被行业实践所接受。

---

[1] 数据来源于华为开发者联盟的报道。

（四）劳动市场

如果说众包竞赛通过悬赏来激励接包大众，劳动市场则通过传统的服务承包模式，对买卖双方的服务进行匹配。受限于网站的知名度，企业一般很少主动搭建这种类型的平台，而是通过第三方平台来进行操作。在这种众包平台上，企业可以采用灵活度极高的方式为外部大众提供企业内部的长期工作，而不需要签署雇佣合同。而且，企业可以随时为不同的任务寻求不同的合作伙伴，按需匹配，并且可以通过平台获得大规模的支持。

当然，该类现货劳动力市场之所以大获成功，关键是技术基础设施和平台设计发展成熟，确保了交易的有效管控。支持平台提供声誉和技能评估、招标系统、追索程序、检测技术和第三方支付服务（付款到一个第三方账号，使买家和卖家之间的冲突降到最低）。这种安排意味着非标准的劳动合同可以在长期雇佣关系之外的环境中正常运行，从而从根本上降低了启动和交易成本。重要的是，现货劳动市场更加满足企业的解决方案和技能要求，因为这些市场必须首先甄选出合适的接包方，并收集过往有意义的绩效数据。这种标准化操作简化了传统的雇佣员工后需要技能和生产力的评估和培育，使匹配度更高，各方期待值也更易设定。为了进一步确保高质量的匹配，这些平台甚至深入了解入驻用户的技能和能力以及雇主的需求，收集过往接包用户的表现和雇主的反馈等大量数据，便于未来的工作匹配。多方位评估的历史数据经过进一步开发，通过匹配算法来完成前端搜索和展示应用，便于发包企业快速、精准寻找。

第三节 众包的理论基础

一、知识自组织理论

（一）自组织理论与知识自组织

所谓自组织，就是系统在特定外部条件的约束下，通过系统内部的非线性关系，经过演化而形成一种新的稳定有序的结构状态。自组织是系统有序状态的自我形成、演化和完善。现实中，并不是任何一个系统都具有自组织特性。就孤立的系统而言，初始状态被不断增加的"熵"所影响，最终都难以发展到一种均匀的、单一的平衡状态,这种独立的有序结构都将被"熵增原理"[1]破坏,并呈现一片"静寂与消亡"的景象。根据"熵增原理",组织只有与外界有物质、能量和信息的交换,形成一个开放系统才有可能走向有序。因此,自组织理论是研究系统由无序向有序、由低级有序向高级有序转化的机制和规律的系统理论。系统的有序程度决定了系统的结构从而决定了系统的整体功能。

20世纪90年代之后,世界经济发生了新的变化,人类进入知识经济时代。在此阶段,知识与物质、能量一起被称为社会发展的三大战略资源,且逐渐成为最具竞争力的一种资源。知识数量的多少与质量的高低决定着地区、国家乃至全球的经济发展,更是一个国家在世界上影响力的重要指标之一。知识系统是一个开放系统,知识系统的内在诉求就是体现出信息化、网络化和物联化等诉求。因此,知识多呈现出网状结构,由众多结点(知识因子)和结点联系(知识关联)构成。知识自组织是指知识系统无须外界指令而自行把知识客体中的知识因子与知识联系揭示出来,并把被揭示的知识成分按一定方式编排成序,以便于人们更好地利用。知识自组织与知识组织相比,虽然二者目的和结果一致,但是其主要参与者——人的角色和地位在组织循环中存在差异。如果说知识自组织过程中的人或许带有私人目的,但作为总体的人不会发出外部指令,知识演化常处于被动状态。

知识自组织从宏观上揭示了知识运动的规律。知识系统内各组成部分或要素间有着强烈的相互作用,由此产生多方面的相互影响、相互制约的非线性相关关系。知识围绕着如何使知识系统稳定有序而汇聚、增倍与创新。知识的增倍与创新意味着将能更有效地处理外部环境输入的物质、能量和知识。知识的创新表明了知识系统自组织过程能够从外部非特定的知识流中捕捉有用的知识,并将这部分知识与系统内原有的知识交互,从而实现知识的自组织。

(二)众包与自组织知识建构的内在逻辑联结

1. 开放共享性

如前所述,基于问题解决的视角来看,竞赛、协作社区、大众互补者和劳动市场等众包类型都可以整合到接包方解决特定问题并协作达成解决方案的逻辑中。众包强调突破个人智慧限制的壁垒,最大化群体智慧。在信息社会中,众包

---

[1] "熵增原理"是物理学上的一个热力学定律,也叫熵增定律。其主要内涵是,一个封闭系统的熵是持续增加的,如果不增加有效能量,最终无效能量达到最大,有效能量就会变成零,系统就会熵死。这个原理对于人、组织和自然界都适用。

提倡"人人参与，服务人人"，利用激励策略和质量控制机制聚合潜藏于众包主体"大脑"中的优质资源，促进网络社会化和开放式创新，具有开放式、分散式、共同参与等特点，有效支持自组织协同知识建构。

2. 动态生成性

在以大众（个体、机构、企业或其他非营利性组织）为知识生产者的众包协作环境中，接包方可以实时参与内容的识别和解释，以及创建新内容。通过异步型社区、在线实时协作工具和第三方众包平台等形式实现众包自组织协同知识构建。通过对产品或服务的协同构建，接包方能够动态生成、编辑和综合知识并通过社区、工具和第三方平台及时传递给发包方。大众可以用他们的知识、想法、解决方案等为群体协作性知识构建作出贡献。

3. 技术支撑性

知识自组织过程必须依托良好的在线社区或互联网创新媒介。众包平台则是企业满足共享交互、动态生成的众包模式的有效技术支撑。众包平台通过推广其有吸引力的激励计划，扩大解决问题的资源范围，增加公众的参与机会，最终实现资源发布、资源众筹、资源供给和资源整合的全流程，公众实现分布式任务接包和提出解决方案，形成分众性、开放性、高效率的网络运行模式。

4. 机制驱动性

正如前文提到，杰夫·豪最初对众包的界定中并没有过于提及利益激励，而更多聚焦于兴趣驱动。但是随着经济的发展和对知识产权的重视，当商业组织想利用公众智慧进行商业化运作时，不得不考虑利益激励机制。因此，在当下的众包模式中，为了顺利完成众包协作任务，需要设计一个规范且合理的协作众包机制来有效地管理众包活动。众包机制分为与接包方相关、与发包方相关、与任务相关和与平台相关，有管理机制、协作机制、驱动机制、奖励机制等。

二、资源基础观

（一）资源基础观与资源异质性

1984年，沃纳菲尔特（Wernerfelt）的《企业的资源基础观》（*The Resource-Based Theory of the Firm*）的发表意味着资源基础观（也被称为资源基础理论）的诞生，标志着"企业竞争力"理论的崛起，成为"竞争优势"的基石。在文章中，他将企业资源定义为能够展现组织核心竞争力的任何事物，包括有形资产和无形资产。资源基础观强调，企业绩效差异的根源来自企业的异质性，尤其是资源的异质性，由此引申出"企业应该如何进行资源管理并实现竞争优势"的问题。随后，彼得罗夫（Peteraf）提出了一个整合了已有研究的关于资源与绩效的一般化模型，他认为企业想要维持可持续竞争优势，必须要满足资源异质性（heterogeneity）、事后限制竞争（expost limits to competition）、资源流动受限（imperfect mobility）与事前限制竞争（exante limits to competition）四个条件。

资源异质性的基本假设是生产所需要的资源和能力都是异质的。如果要在市场竞争中取得盈亏平衡，甚至盈余租金，企业必须通过资源禀赋和优势资源来实现。尤其是李嘉图租金[①]，企业必须要拥有稀缺优质资源才可以获得足够多的、超过生产成本的剩余价值，即超额利润。

事后限制竞争会侵蚀掉李嘉图租金，所以事后限制竞争必须要满足两个关键特征，即不可模仿性与不可替代性，企业拥有的资源才能被称为优势资源或者独特资源。当资源的价值最大化的地方仍存在于特定企业的内部，即这种资源的不可交易性与机会成本仍高于其在其他用途的价值，都会导致资源流动性受限。

事前竞争限制是为了防止事前竞争的成本抵消了租金，包括李嘉图租金和垄断租金。一方面，企业只有在事前竞争有限的情况下才能获得优势资源；另一方面，只有在事前竞争成本与获取资源的事后价值间存在差异时企业才能获得租金。一般情况下，在竞争优势经典模型中，以上四个基础条件必须全部满足，才能使企业享有持续的超额回报。

资源基础观适合单一业务战略和多业务单元的公司战略。从单一业务角度而言，该理论能够帮助管理者将具有竞争优势的资源和能力与其他低价值资源区分开来，让管理者更明确可持续竞争优势的前提条件，并集中精力去满足这些条件。从多业务单元的公司战略角度而言，该模型能帮助企业确定自己的企业边界，包括横向边界的规模和纵向边界的范围。

根据蒙哥马利（Montgomery）和威默费尔特（Wemerfelt）的分析，企业的资源具有不同的专用性，其边际收益在不同行业内也不一样。企业每进入一个市场都会损失部分资源专用性或资源效率。因此，从资源基础观的视角来看，企业的多元化自然存在着最优解，即当新进入市场可获租金为0时，企业就应该停止多元化；当租金为负时，企业应该调整多元化战略，采纳业务剥离或退出战略。可以说，资源基础观同时也指导着企业的业务退出战略。

---

① 李嘉图租金最早仅用于说明土地稀少性价值的"地租理论"（rent theory），但是后来的经济学家从租金来源于自然资源的稀缺性延伸至非自然资源的稀少性，说明了"生产要素完全缺乏弹性而取得的超出正常水平的部分报酬"。

（二）众包与资源基础观的内在逻辑联结

资源基础观将一个企业视为一个具有丰富资源和独特能力的结合体。企业的成长被视为企业对自身拥有的具有独特竞争优势资源和管理职能进行统筹、协调的结果。基于资源基础观的战略视角，企业关注的不仅仅是现有资源和能力的配置，还应该超出企业范围，关注企业外部资源和能力的开发。

为了既充分发掘公司现有的资源和能力又发展公司的竞争优势，企业需要不断吸纳外部的资源和能力，以弥补企业在实现战略目标时，自有资源与所需资源之间存在的缺口。众包给了企业这样的机会，通过吸纳公众的智慧，企业可以以最小的代价获得诸多异质性资源，来填补资源或能力缺口。因此，资源基础观所强调的资源异质性和竞争优势的获取路径是众包模式存在的根本性和基础性理论。

三、开放式创新模式

（一）开放式创新

工业革命后，受到亚当·斯密"劳动分工"原则的影响，诸多大型企业集团享受了规模化经济的红利。在这一时期，企业大多信奉艾尔弗雷德·D.钱德勒（Alfred D.Chandler）"有价值的知识本质上是稀缺的"的理念，过分强调企业集权和整合，兼并收购成为常态。这种"购买知识以获取专业资源和能力"的理念让企业拒绝接受来自外界的技术，而只相信自己内部的创新。进入21世纪后，随着互联网等新型信息通信设备的快速发展，迄今为止最文明、最进步的经济发展方式——知识经济时代来临。

知识经济时代的到来不仅是社会经济发展到一定阶段的产物，更是技术革新的成果。此时，企业仅仅依靠内部的创新已经不可能应对瞬息万变的市场，更何况还有来自供应商、消费者、竞争者日益增大的压力。于是，市场好像重新回到了亚当·斯密的"劳动分工"时代，将企业边界扩大，引入外部创新资源，开始进行"开放式创新"。在这种背景下，"开放式创新"强调，企业应把外部创意和外部市场化渠道的作用上升到与封闭式创新模式下的内部创意以及内部市场化渠道同样重要的地位，均衡协调内部和外部的资源进行创新，不仅仅把创新的目标寄托在传统的产品经营上，还要积极寻找外部的知识投资、技术合资、技术特许、委外研究、技术合伙、战略联盟或者风险投资等合适的商业模式来尽快地把创新思想变为现实产品与利润。

亨利·切萨布鲁夫（Henry Chesbrough）于2003年首次提出开放式创新的概念，他认为开放式创新是强调企业如何从封闭的创新过程转变到更开放的创新过程的做法，这种做法相对于封闭式创新，能更加有效整合组织的内外部资源，使创新主体能以网络的形式来实现各种资源的快速整合，可以将原本分散的、异质性资源通过知识共享形式来推动企业的创新，进而推动创新主体绩效的提升。

开放式创新作为一种新型创新管理模式为创新提供了新契机，根据亨利·切萨布鲁夫的观点，知识和信息的流入和流出是开放式创新的两种主要形式，具体而言：由外及内的知识和信息流强调的是流入，企业把外部的观点和技术应用到自己的创新中去；由内及外的知识和信息流强调的是流出，是对内部创新知识和信息外部化，即企业允许自己的观点、技术或流程被其他企业商业化，然后不断吸收反馈，推动企业及其所在的生态系统创新获得持续性发展。因此，开放式创新本质上应该是内外循环的一种体现，是企业内外部创新资源的互补融合，而非单独强调某种流向。不同资源和能力的企业应根据自身情况采取不同的开放模式。在开放式创新模式下，企业自然也期望在发展技术和产品时，能够像使用内部研究能力一样借用外部的研究能力，能够使用自身渠道和外部渠道来共同拓展市场的创新方式。

（二）众包与开放式创新模式的内在逻辑联结

众包平台的主要创新来源就是众包参与者，因此把众包平台中的参与者整合到企业的创新活动中对企业而言是一种重要的竞争战略。在基于众包的开放式创新模式中，企业突破组织边界，吸收外部知识和技术促进内部研发，并借助外部渠道对内部创新进行商业开发。在此过程中，企业内部创新结构更加扁平、外部创新环境更加开放，内外部界限被打破，创新边界消失，开放式创新由过去的独立个体之间的合作演变成了创新生态圈的模式，开放式创新的内在逻辑与众包完全契合。

与此同时，受全球经济一体化的影响，商品和服务的竞争变得愈发激烈，企业若想在激烈的市场竞争中占据优势，就必须不断探索满足顾客需求的新方法，适应性、合作性、创新性和敏捷性等方面都给企业提出了越来越高的要求，用户参与价值共创成为企业经营活动的重中之重。而基于互联网的众包平台和一些新型创新工具包的发展为用户参与企业创新发展提供了直接通道。开放式创新也由过去的外包给专业人士和专业机构（也被称为开放式创新1.0和半开放式创新阶段）到现在的面向广大消费者、供应商、研究机构等具备创新能力的组织或个体。可以说，众包正在成为开放式创新2.0最具代表性的特征。

案例阅读：小米 MIUI 的 100 个梦想赞助商[①]

在互联网行业内流行着这样一句话："人人都是产品经理。"因为互联网的存在，越来越多的人正深度使用着他们所喜爱的互联网产品，并且成为某种专家。互联网改变了人，改变了社区，改变了生产模式，造就了"小米 MIUI"，成就了"小米"。

一、背景

成立于 2010 年的小米是一家以手机、智能硬件和 IoT 平台为核心的互联网公司，一直致力于品牌社群的打造。2019 年小米产品全球销量位居第三，仅次于华为和苹果，到 2020 上半年小米营收高达 1032.4 亿元。MIUI 是小米科技旗下基于安卓系统进行深度优化、定制、开发的第三方安卓系统 ROM。目前，MIUI 不只被用于小米自己开发的小米手机、电视等设备，也被广泛用于其他品牌的热门安卓手机。小米的快速崛起，绝对离不开 MIUI 的功劳。

MIUI 论坛是小米官方为 MIUI 的使用者、民间开发者和官方开发者的交流而建立的在线论坛。MIUI 论坛具有双重所指，它可以用来表示由社区成员组成的虚拟社区——整个 MIUI 社区的延伸和一部分；也可以用来表示这些社区成员所使用的互联网媒介工具。

自 2010 年 8 月建立以来，论坛的发帖数已过亿条，并且其成员具有极高的活跃度。在产品论坛中对产品进行讨论是一种普遍行为，MIUI 论坛喊出了"人人都是产品经理"的口号，试图将社区成员的讨论纳入其开发过程——采用一种众包的形式帮助其开发。

二、小米 MIUI 的众包策略

MIUI 开发的众包策略根植于用户之中。小米科技创始人雷军曾在媒体上公开声称："相信米粉，依靠米粉，从米粉中来，到米粉中去。"

2010 年小米初建社群时，并没有急于贩卖它的手机，而是找了 100 个手机发烧友体验还在开发中的 MIUI 系统。这 100 个发烧友是从各个安卓论坛中"挖"来的，其中一些甚至是雷军亲自打电话邀请的。在小米初期的发展中，他们起到了至关重要的作用。他们帮助小米完成新品测试，反馈意见并协助修改 Bug（程序错误）；帮助小米社群实现了第一轮的传播裂变，小米第一批的真正意义上的"米粉"是从他们的渠道中转化而来的；他们保证了社群的活跃度与凝聚力、帮

[①] 本案例阅读的内容主要参考程泉森的研究成果和互联网资料。

助小米完成社群从 0 到 1 的蜕变。为了表示感谢，小米把这 100 个发烧友的论坛 ID 写在了开机界面上，后还被拍成了微电影，被小米称作"100 个梦想的赞助商"。

对于 MIUI 的众包策略，雷军曾经作过简单的总结：

第一个就是快速迭代。第二个就是群众路线：从群众中来，到群众中去，每个星期听取大家的意见，每个星期去修改。第三个就是发动大家一起做：将 MIUI 翻译成 25 个国家的版本，研制了 140 种机型；MIUI 的主题可以随时更换，很多设计师在论坛中表现活跃并获得奖励。

总的来说，"快速迭代""群众路线""发动大家一起做"，表述了一种快速响应用户、尊重用户、并尽可能地争取较多用户资源的一种众包策略。这一点与传统电子消费品行业的依靠员工、依靠专家的策略是不同的。

从 MIUI 系统的打造角度来看，MIUI 社区最终的目的是汇聚一群人，就是网聚人的力量，把米粉团结在一起。小米最核心的模式是做人群，怎么去打动这一群人、满足这一群人的需求，进而延伸至硬件产品、外延产品等。

从参与者动机方面，雷军特别强调过一种"乐在其中"的参与感，并且和苹果、诺基亚进行对比，说明对待用户参与的不同态度。在雷军看来，社区成员具有天然的参与动机。而这似乎也暗示了一种营销的元素，通过满足社区成员的参与感来建立对品牌的忠诚度。

在运行机制上，MIUI 采用了一种利用众包的筛选机制，因为众包所产生的方案可能是一种碎片化的杂乱的形式，并不天然地适用于产品。为了解决这个问题，MIUI 采取了众包自评的机制。在采纳众包成果时，把众包对产品的贡献度控制在一个合理的程度，即控制影响产品的比例，仍旧是一个以员工为中心的生产模式。具体实践中是发烧友提出想法，如果这个想法能号召很多人支持，就进入研发讨论名单。在研发的总体目标中，原则上，三分之二是内部研发员工确定，三分之一是发烧友提交。因此，发烧友的想法在采纳时是有限度的，以员工内部的开发为主导，吸纳众包的成果。最后，产品发布以后，再次让用户去评价，从而进入新一轮迭代。

三、总结

MIUI 论坛是一个非常活跃的社区，但即便如此，众包开发发挥的作用也非常有限。对于 Bug 的反馈这种非创造性的内容完成的流程比较完善，但是对 Bug 提交的活跃性远低于对新功能的讨论。提交 Bug 所谓的众包是利用社区资源分担开发团队内测试者的工作。从 BugLIST 版每天不高的活跃度来看，分担的比例并不大。它仅仅利用了社区的一些功能，实现了很小规模的众包。与之相对的，新功能的讨论是每天最活跃的板块之一，大量的用户在里面发帖讨论。经过调查，发现MIUI内部研发对用户需求的采纳情况是值得怀疑的。用户对于产品的影响，类似于舆论影响公共决策，用户集中提出需求，然后相关人员来捕捉这种需求。

不同于Linux，MIUI仍然有一个开发中心，需要依靠自己独特的产品而盈利。如果说Linux用建造集市的方法建立起一座教堂，MIUI就是用传统的方法建立起一座教堂，然后把一些细节的设计交给集市。这种众包的价值在于它试图塑造一种新的产品和消费者的关系。它同时具有关系营销属性和开发属性。

因此，从用户参与开发者的维度来看，MIUI用户的参与程度还不算高，其中的原因有很多，最核心的原因是资源控制问题。MIUI的产品特性使得它的开发团队要保持对于系统版本的控制。尽管雷军希望减少对用户的控制，但是减少控制会出现产品的混乱。这不只暗示了众包组织的问题，也暗示了开发团队对产品中心的控制。其中有一个悖论，很难分得清是产品中心的控制导致了众包的效用不高，还是众包的效用不高，导致了产品中心的控制。

在MIUI的发展历史中，众包的组织方式，尤其是在创造性内容的部分，仍然是比较原生态的，依靠一般的论坛进行维持。这种方式产生的内容很多是散乱的点，而不是有组织的图形。在这种缺乏组织的情况下，只有被提及的"问题"，而没有待解决的"任务"。如何有效地形成有意义的"任务"，是在虚拟品牌社区中进行众包开发有待解决的问题。值得欣慰的是，MIUI也有一套众包的自我完善系统，至少有这种潜力。辨明其中的要素，将为如何完善这种众包机制提供一个指导原则。

第二部分 众包市场

众包将社会中闲置的智力资源转化成有效生产力，创造了新型的知识交易市场，同时为企业发展提供了新型、分布式的问题解决和生产模式。众包市场作为典型的双边市场体系，个人、企业或组织通过这个市场网络，将研发创新或其他内部无法完成的任务，交给公众完成，企业可以从所提交的方案中择优选择，给予中标者适当奖励。任务接受者则贡献智力、时间等资源，获得精神或物质的回馈，平台方维持交易平衡并获得发展的资源，最终，众包市场实现共赢。

第三章 双边市场与市场主体

第一节 双边市场的概念与特征

21世纪开端，产业组织理论的研究重点从单边市场转向了双边市场。双边市场理论伴随着平台交易的完成应运而生，是从现实问题中抽象、演化而来的，归因于社会分工细化、服务技术提升和互联网的发展。

双边市场的概念源于1833年美国掀起的"便士报纸"运动，当平台向需求双方索取的价格总水平 $P = P_b + P_s$ 固定时，任何用户的价格变化都会对平台总需求量和交易量产生直接的影响，这个平台市场就是双边市场。[①]

阿姆斯壮（Armstrong）在这一关键点上进行了补充，认为双边市场直接区别于传统市场，在双边市场中经由平台相互交易的双方，其中一方加入平台的获利取决于加入平台的另一方的规模。例如，在线媒体平台视频中广告商的收益取决于平台拥有的用户群体规模，在线网络商城中卖家的收益取决于网络商城消费者群体的规模。平台是买卖双方交易的场所，它将具有交叉需求的双方聚集在一起。

尽管学术界对于双边市场的研究渐入佳境，但关于双边市场的概念始终缺乏统一，"双边平台""双边网络"与"双边市场"表达的是同一种意思。关于双边市场的界定有以下五种代表性的观点：

（1）根据价格变化影响进行界定。平台对客户A的定价为 P_A，对客户B的定价为 P_B，总价格水平为 $P = P_A + P_B$。如果平台向双方客户中的一方发生定价改变，会引发双边客户对平台总需求量和平台内交易数量发生改变，此种平台市场就是"双边市场"。

（2）根据平台的作用进行界定。双边市场销售的对象是中介服务，双边市场是买卖双方在第三方独立运营管理的平台上进行交互所形成的市场。

[①] 本概念来自罗希特（Rochet）和蒂罗尔（Tirole）的界定。

（3）根据双边客户对平台的依赖性进行界定。双边市场应该存在两类截然不同的用户，它们需要通过公共平台才能影响对方的市场。

（4）根据需求的交叉影响进行界定。某一边客户加入平台后所获得的收益，直接受平台另一边客户参与数量的影响，双边客户存在相互依赖效应，此类市场即为"双边市场"。

（5）根据双边客户的特性进行界定。平台的双边客户类型不同，具有差异化的特征，并且双方发生相互作用需要通过中介平台才能获得相应的价值。

通过以上对双边市场的概念进行总结，双边市场存在以下三个特征：

（1）交叉网络外部性。传统的网络外部性可以认为是某种产品或服务的价值与该种产品或服务的消费规模正相关。然而，双边市场中的网络外部性与传统产业组织理论中的网络外部性存在显著差别，它是一种交叉网络外部性，即一方的用户数量将影响另一方用户的数量和交易量。交叉网络外部性是双边市场形成的一个前提条件，也是判断该市场是否为双边市场的一个重要指标。

（2）价格的非对称性。一笔交易的达成涉及平台企业、买方和卖方三方。由上述分析可知，对平台企业收取的价格总水平，并且价格总水平需在双边市场的用户之间进行合理分配，而不是按照价格等于边际成本的原则确定。因此，在价格水平上会呈现出一定的倾向性，从而保障企业的利润水平及社会福利水平。

（3）相互依赖性和互补性。双边市场的买方对平台卖方提供的产品和服务存在需求，同样地，卖方对平台中买方的产品和服务也存在需求。只有双边用户同时对所提供的产品和服务产生需求时，平台企业的产品和服务才具有价值；否则，只有一方有需求或双方均无需求，那么平台企业的产品和服务将不具有价值。

平台企业的存在使双边市场具有独特的经济特征，这些经济特征与传统单边市场有着显著的区别，因此，完善的平台生态系统是判断双边市场是否健康发展的重要依据。一个完整的平台生态系统包括以下五个方面：

（1）企业或第三方建立的产品或服务的平台，用户通过该产品或市场平台能够获得更多的应用。

（2）一个相互交互、接入的通道，即消费者能够借此来完成与平台或市场利基的交互，获得产品或市场利基更多的资源。

（3）基于平台而衍生的模块，模块可以由企业开发或产生，也可以由合作伙伴来完成，消费者拥有自由选择的权利。

（4）活跃于平台之上，通过平台来实现交易的买方和卖方。

（5）约束平台、买卖双方的制度准则。

第二节 众包中的双边市场

众包是典型的基于双边市场理论运作的商业模式，任务发包方具有解决发展中所遇问题的任务需求；任务接包方具有参与任务解决的偏好，这种偏好可能是兴趣爱好，也可能是精神、物质刺激。接包方基于这些偏好提供解决企业发展问题的知识和能力。众包平台将双方聚集起来，提供双方谈判和交易的场所，并负责约束双方的交易行为。因此，从双边市场理论来看，任务发包方企业扮演买方角色，而任务接包方则履行提供知识创意产品的卖方职能，二者通过平台联结，双边客户存在相互依赖性。此外，作为双边市场的核心，众包平台满足了以下三个条件，所以被认为其具有双边的市场性质。

第一，众包平台上存在异质性参与主体。众包模式的参与主体除作为中介的平台外，至少还涉及任务的发包方和任务接包方。发包方是项目的发起人，经由平台发布项目并期望获得解决方案、市场验证以及通过社交媒体扩大项目或企业的知名度等其他资源；任务接包方则从平台浏览项目，结合自己的智力资源和任务发包绩效对自己认可的任务给予解决方案或其他方面的支持，从中获得对应的物质或精神上的回报。双方参与动机和参与身份显著不同，因此具备异质性特征。

第二，参与众包的发包方和任务接包方之间存在交叉网络外部性。在众包模式中，参与众包的发包方和任务接包方，类似于双边市场中的不同组件，他们之间不仅在同一群体中相互作用，即存在组内网络外部性，也在两类型主体间存在影响，即存在交叉网络外部性。前者表现为类似任务的发包方之间为获得有效且独占性的任务解决方案而产生相互竞争，是一种组内的负外部性。相反，任务接包方之间通常是一种正外部性，因为一个任务的解决者越多，可能代表这个任务背后的成就越大，对特定接包方的吸引力越大，形成虹吸效应。后者是平台成为双边市场的关键，它显示了平台一方的数量对另一方选择是否加入平台有重要意义，或者说对其净效用有显著影响。一般而言，拥有较多任务接包方数量的平台更受任务发包方的青睐，这将增加其众包成功的概率。

第三，众包平台为促进发、接包双方的交易提高了效率。众包平台利用互联网的开放性、快捷性等特点，能迅速地匹配供需信息，大大地降低了发、接包双方的信息不对称的可能性，并通过第三方支付、电子签名、电子提案等新型科技手段，降低了传统渠道交易中产生的巨大交易成本，提高了双方的交易效率，使其迅速成为解决企业创新难问题的一个全新模式。

第三节 众包主体

一、任务发包方与发包动机

众包是企业获取创意的外部资源整合方式，说明企业接受开放式创新思维的指导，并对任务接包方的智力资源存在需求。以互联网为代表的现代信息通信技术带动了社会化网络的发展，企业的商业模式也在不断革新演化，传统商业模式所强调的"企业价值生产和创造主要由内部资源完成"的理念正在落伍，因为内部资源的稀缺性和资源效率存在桎梏。

现代信息通信技术的进步使得企业更易追寻和获取外部资源，相较于企业内部资源的交易费用，获取外部资源的成本费用正在显露出越来越强的竞争力。与此同时，随着企业专业化和分工细化，企业内部组织架构变得冗余，职能成本和沟通成本增加。基于成本效率思考，企业开始考虑外包，将生产、设计、物流、仓储，甚至部分职能结构精简，交给专业化程度更高的组织进行，这就要求企业必须要有开放式商业模式进行运营管理，学会合理地利用外部资源。然而，外包的本质仅在于成本效率的考量，企业整合内部资源，提升竞争力。而企业在研发等创新性要求较高的流程中，需要获取和利用更广泛的外部智力资源，而这种智力资源在专业的外包服务商中同样缺乏。事实上，对于任何一个企业而言，研发人员的数量和员工的知识都具有局限性，因此如果能有效整合与利用企业网络外部多元化的群体智慧，对于企业的研发而言将是突破性模式变革，即企业的开放式创新模式除了强调外包之外，众包也正在成重要选项。例如，宝洁公司提出"联发"计划（Connect & Development），即要求企业的研发工作要最大限度地利用外部智慧资源，通过众包模式来实现研发的突破。宝洁公司内部研发人员有9000余人，而外围网络的研发人员数量高达150万人，宝洁公司的外部创新比例从2000年的15%提高到2005年的50%。

发包方发布任务，是众包的起点，也是众包能够完成闭环的第一步。因此，发包方的动机是当前众包模式研究的重点。根据学术界的总结，任务发包方的动机由外部动机和内部动机两方面组成。

外部动机源于时代背景的要求，如全球经济一体化消除了企业的交易边界，全世界竞争对手蜂拥而至，使企业陷入了空前激烈的竞争环境，此时，企业想要生存就必须提高自身的创新能力以应对瞬息万变的市场环境。知识经济时代给企业带来了知识资源储备和利用的严峻考验，企业简单依赖内部资源已经很难跟上时代节奏，借助众包以集成外部公众群体智慧、创造多元化知识体系成为当务之急。与此同时，以互联网、大数据和区块链等为代表的新兴信息通信技术的快速发展也在不断给企业带来冲击，企业经营活动中的时空限制弱化甚至消失，实现了实时信息共享，交易成本前所未有地降低，这些都成为促使企业参与众包的重要原因。

企业采用众包模式的内部动机，如加快产品上市速度、降低运营成本、生产更符合消费者需求的产品等都是典型的内部动机。企业将新产品开发各个阶段中的不同问题众包给公众（包括现实客户和潜在客户），邀请公众参与产品供应商的新产品开发，有利于维持同客户的长期关系。在产品创意阶段，公众参与开发可以帮助企业避免将资源浪费在顾客实际不看好的独特产品主张和低价值的新产品开发项目上，从而加快产品的上市速度。有学者曾对比由产品用户主导的创新活动和由传统研发人员主导的创新活动，发现由用户主导的创新活动消耗的时间更少，输出的创新方案更多，在创新的效率和产量上都更具优势。在产品上市之前，面对产品的生产质量和销售情况的不确定性，主动邀请用户参与产品创意设计，可以大大降低新产品开发失败的概率，显著提升顾客对最终产品的评价。同时，企业还可以利用众包向用户转移试错过程的成本，通过用户参与可以快速试错、快速迭代，有效降低运营成本。同时，在这个过程中可以识别用户最新鲜、最精准的需求，从而提升产品的新颖度和市场接受度。小米 MIUI 系统的快速迭代开发逻辑正是因为采纳了这一模式，从而取得了空前的成功，也引申出一句著名的话，"人人都是产品经理"。

此外，任务发包方的动机也可以通过资源依赖视角和开放式创新视角进行分析。

资源依赖视角。资源依赖理论假设在资源有限的条件下，没有任何一个组织是自给自足的。企业通过外部获取资源以弥补自身资源的不足，对外部资源的依赖也是众包产生的动因之一。众包是继外包之后新兴的企业获取竞争优势的重要方式，因为企业仅凭自身拥有的资源无法建立起有效的竞争优势，只有通过依赖外部的异质性资源，才可能获取持续的竞争优势。众包作为一种特殊的外包方式，知识是其关键的构成要素，企业运用大众智慧这种外部资源为自身带来效益。

开放式创新视角。在开放式创新模式下，企业的技术创新打破了企业原有的边界，通过利用外部资源实现企业创新。从发包方的角度来看，众包也是企业进行开放式创新的一种方式。众包涉及发包方、平台、接包方，帮助企业实现共同创新，发包方通过众包平台进行开放式创新可以降低成本和风险。众包是企业基于互联网平台收集来自大众的创意，把客户整合到创新过程的一种有效方式。众包企业把接包方当成是创新的来源，发包方通过平台发布任务和需求信息，接包方通过平台提供创意方案，方案获得采纳之后就变成了市场上的创新产品。

二、任务接包方与接包动机

众包中任务接包方通过参与众包活动满足自身的兴趣爱好，同时通过向发包方提供解决方案，还可以获得不同类型的报酬，如奖金、平台积分、外部赞誉和自我实现等。众包的任务接包方可以是专业机构，也可以是普通公众群体，互联网的发展使得他们在互联网中原来仅以信息传播和信息分享为主，开始向交互生产和协同沟通方向升级。显然，社会化网络已经改变了他们的消费和生活模式。

任务接包方借助社会化网络，并利用额外的资源和时间，根据自己的兴趣参与协作生产，创造出以往只有企业才可以生产出的产品和服务，如通过用户之间的相互交流（UGC，User Generated Content，用户原创内容）而形成的新兴社会化问答媒介 Quora 和知乎，类似于百科全书的百度百科、开放源代码的 Linux 操作系统和 HarmonyOS 操作系统等。这些产品或服务的一个共同的特点是共享协作和公开授权，任何一个用户只要遵守共同约定都可以自由使用。自由开放的 Linux 操作系统不断侵蚀着封闭收费的 Windows 操作系统的市场份额，尤其在服务器领域，Linux 操作系统（包括但不限于 Ubuntu、FreeBSD、Debian 和 CentOS）始终占据主流。这些现象也说明，公众群体中存在着大量的智力资源和生产资源。但如何有效地利用这些闲散的资源，使之为企业发展提供帮助，是企业要思考的问题。

任务接包方的接包动机与任务发包方的发包动机类似，同样分为外部动机和内部动机两个方面。

外部动机：有形和无形的回报或奖励，如金钱、平台积分等可衡量利益，以及外部赞誉和荣誉等不可衡量利益。其中，有形奖励如奖金更具主动性，尤其是当接包方的内部动机匮乏，或者不可衡量利益激励效果失效时。有学者曾对著名的图片众包社区 iStockphoto 做过调研，诸多"威客"参与众包的最主要动机是通过摄影赚取奖金。

内部动机：不包括任何有形的回报或奖励，在个体层面，兴趣、展现能力、学习知识与提升能力、享受、社会交往、自我实现等都可以被认为是个体参与众包的内部动机。企业组织作为接包方的典型对象，其接包的内部动机和外部动机较为统一，更多是通过具有经济性的市场交易行为实现经济目标；而个体接包方的动机更加多元化，往往具有多重参与动机（表 3-1）。例如，在著名众包社区 InnoCentive 中，通过对涉及科学技术难题的参与者进行调研发现，65.8% 的参与者都取得了博士学位，他们的主要参与动机就具有多重性，包括获取酬金和参与的满足感等。

表 3-1　众包任务个体接包方的内部动机和外部动机（参考格兹等人的研究成果）

众包动机	内部动机	创业心态 表达个人创造力的机遇 群体关怀和依恋、成员感 享受与乐趣 心理补偿与效能感 社会影响与社会认同 信息交换需求 合作意识与倾向 社交搜寻 自我价值感 学习需要
	外部动机	金钱奖励 名声与荣誉 对企业认可 职业地位增长 职业利益 互惠互利 社会资本与问责制 自我营销 社会激励 外部学习环境

三、众包平台与信任治理

社会中任务发包方和任务接包方群体之间，存在一个两难抉择的问题：一方面，社会中闲散分布着大量具有知识、高能力的人才，愿意参与生产创造，却缺乏途径接触企业任务；另一方面，企业由于缺乏资源，迫切需求大量的人才，但是也没有途径获得那些人才。因此，需要合理的模式将两者的需求结合起来，众包平台正是在以上背景下应运而生。众包平台规模伴随着众包模式的发展飞速壮大。

众包平台发挥着沟通桥梁的重要角色，是任务接包方和发包方达成交易的关键性影响因素。众包平台将社会上闲散分布的智力资源聚集起来，以较低的成本为企业研发创新提供多元化的智力资源。平台方为任务接包方群体提供了发挥其知识能力的机会，为任务发包企业提供了有效的分布式在线解决问题和分布生产的模式。众包平台的发展取决于任务发包方和任务接包方双边的群体数量，平台方需要利用任务接包方群体（或发包方）规模的壮大，吸引任务发包方（或任务接包方）的加入，从而提高平台内的交易量。通过为买卖双方提供服务，促进双方交易的顺利进行，实现众包平台的盈利。

从平台归属来看，众包平台主要有以下两种形式：

（1）企业自建网站。企业建立官方网站，将网站作为企业搭建的众包平台，向大众征集创意类信息、新产品设计想法等，然后企业对集体智慧进行整理，顾客和企业通过平台实现产品创意的谋划。例如，乐高公司的客户只需下载数字设计师软件，就可以按照自己的想法进行设计并将其作品上传到乐高工厂画廊，并与其他用户共享，乐高公司在上传的作品中选择最受欢迎的一些创意设计进行批量生产。许多创新公司都将信息通信技术作为战略创新的平台，有效提高了企业利用客户的技能、兴趣和知识作为资源的能力。同时，企业开放创新平台还为个人消费者提供了前所未有的自由，以定制他们自己的生活，获得自己想要的产品或服务。

（2）第三方众包平台。该类平台可能是企业专门建立的专注某一方面的平台，如专门提供创意类的威客网站众包平台，以及以提供人力为主的菜鸟裹裹众包物流平台等。平台也可能是涉及范围很广泛的综合性第三方平台，以猪八戒网为例，该网站是国内典型的众包平台，服务类别涉及企业管理服务、品牌创意服务、企业营销服务、产品制造服务、软件开发服务、个人生活服务等，实现了互联网环境下的人才共享。

从众包模式来看，众包平台可以分为交易场所型众包平台和竞争导向型众包平台两种。

（1）交易场所型众包平台。其代表平台有 InnoCentive、MTurk 等，平台方通过为任务接包方和发包方提供服务交易平台，根据双方的交易额赚取佣金模式盈利。

（2）竞争导向型众包平台。其代表平台有 Threadless，通过组织问题解决者产品创意比赛，由社区成员投票选出获胜创意，平台根据获胜的创意进行产品生产和市场推广，通过产品的销售模式盈利。由于任务接包方提供的创意均是通过市场检验的，因此这类平台企业市场绩效中表现较好，类似于企业中的顾客参与模式。

从众包平台运营的客户构成来看，众包平台是由任务接包方和发包方组成的双边市场，不同的众包平台之间存在竞争关系，主要由以下两个方面的原因造成。

（1）平台之间存在相互替代效应。众包平台均是以为接包方和发包方提供交易场所的模式运作的，平台提供的产品相似度较高，因此竞争关系较强。

（2）任务接包方和发包方可以自由选择更换平台。任务接包方和发包方的平台使用重合度是比较高的，可以同时在几个平台上进行任务的承接或发布。在这样的竞争之下，没有哪一家众包平台一家独大，需要不断地吸引任务发包方和接包方，不断地完善奖赏机制，建立平台的核心价值体系，形成有差异化的竞争优势。

从对众包平台特征的分析中可以看出，众包平台的核心竞争力在于促进发包方和接包方交易活动的顺利达成。通过为双方提供服务，从交易中赚取佣金是众包平台的主要盈利模式，所以众包活动的顺利开展，是众包平台企业搭建基础设施、进行能力培育的焦点。然而，由于发包方和接包方均处于分散式，他们依靠众包平台建立双方的联系，彼此之间缺乏相互制衡机制。从众包模式的特点来看，影响众包交易达成的关键性因素在于信任。

众包模式中信任体系的构建，要依靠第三方——众包平台。平台方提供了双方的交易场所，可以通过对平台交易规则的制定控制规范和机制约束双方的行为，为双方的信任提供保障。通常情况下，众包平台的控制规范和机制主要为契约控制和关系规范控制。契约控制是一种单边的协调过程，有较强的法律效力和强制性；关系规范控制是一种双边的协调机制，包括灵活性、团结、信息交换和参与等多个方面，不具有强制性，通过让众包中的参与者关注共同价值促进绩效，并且依靠压力和社会认可来降低逃避风险和机会主义行为的可能性。

第四章　众包系统模型与运作机制

第一节　众包系统模型

在众包系统中，发包方、接包方与众包平台是维持任务发布、监督众包系统运行的关键要素，发包方与接包方通过众包平台产生关联，发包方通过任务下发系统将任务传递给平台，接包方通过发包方的任务反馈以及系统中的各节点相互影响，形成良好的动态循环。

一、发包方子系统

在众包系统运行的过程中，发包方子系统是起点，通过任务反馈流程中的任务接包数量、任务解决数量，与众包平台子系统和接包方子系统相互联系。该子系统由发包方信息、发包方数量、发包方个性需求、发包方满意度、发包方反馈积极性、任务反馈长度、平台吸引力等关键要素填充而成，这些要素的不断变化决定着发包方子系统运行与发包方的行为规律。

首先，市场经济和现代信息通信技术的快速发展使得发包方的数量日益增多，发包方的需求复杂化、多样化与创新化，接包方也需要进一步提升自身创新能力进而满足发包方的创新需求。

其次，众包平台的吸引力与发包方获得的满意度都有利于提升发包方反馈积极性，进而增加任务反馈长度以促进任务反馈被采纳的数量。

最后，任务反馈长度的增加，使得接包方能够从任务反馈内容中获得更多有价值的参考意见，有助于接包方基于反馈意见提升创新意识和智力投入，进而使众包任务的创意质量得到提高。在这些影响因素的共同影响下，发包方子系统才可以维持正常的运营。

二、众包平台子系统

众包平台子系统强调，平台是众包商业的承载体，平台运营则是众包模式成功运营的关键。平台子系统主要通过任务反馈回路中的任务反馈采纳数量、任务反馈数量、发包方满意度、发包方数量与其他子系统相联系。该子系统主要包括平台管理机制和投入、平台服务质量、平台吸引力、平台激励、任务反馈长度、任务反馈质量、发包方反馈积极性等关键要素，这些要素的变化影响着众包平台子系统行为。

首先，众包平台的激励措施使得发包方反馈积极性得到很大的提升，有利于促进任务反馈质量的提高，进而使得更多任务反馈被采纳；并且随着众包平台吸引力的提升，能有效扩大众包社区中的发包方规模，从而使社区中任务反馈数量进一步增加。

其次，任务反馈长度与任务反馈数量对接包方采纳任务反馈的行为具有促进作用。

最后，众包平台在运营过程中的平台管理投入能够很好地提升平台对接包方与发包方二者的服务质量，进而提升发包方满意度，进一步提升发包方反馈积极性。发包方反馈积极性的提升又会提升任务反馈质量，而随着任务反馈质量的提升，任务反馈采纳数量也会随之增加。在这些影响因素的共同作用下，众包平台子系统才可以维持正常的运营。

三、接包方子系统

接包方子系统强调，接包方创新水平和智力资源是众包模式成功运营的前提，从双边市场视角来看，接包方为卖方，需要不断优化并满足发包方（买方）的需求。接包方子任务主要通过任务反馈回路中的任务反馈采纳数量、发包方反馈积极性、任务反馈质量、发包方满意度与其他子系统相联系。该子系统主要包括接包方投入、接包方创新能力、接包方吸收能力、信息通信技术发展水平、接包方收入水平、接包方积极性、接包方服务质量、任务数量、任务质量等关键要素，这些要素的变化影响着接包方子系统行为。

首先，信息通信技术的发展使得接包方吸收能力增强，接包方具备更高的吸收能力也就提高了接包方的任务反馈数量。

其次，随着任务反馈采纳数量的提升，接包方提交的任务质量得到了充分保障，进而提升接包方收入水平。

最后，接包方收入水平的提升能够提升接包方积极性与服务质量，进而提升发包方满意度与反馈积极性，使得接包方得到更高质量的任务反馈。此外，接包方收入水平的提升能够为接包方研发投入提供充分的基础保障，进而提升创新能力；而接包方创新能力的提升又有利于提高任务的数量与质量保障接包方收入水平。

四、任务反馈管理系统

发包方子系统、众包平台子系统、接包方子系统的顺利运行都需要任务反馈回路来建立因果联系。随着市场的快速发展，发包方逐渐增多，带来的市场创新需求进一步扩大，带动着众包模式快速发展。众包模式的发展带动众包平台相应机制的进一步完善，需求增加为众包平台吸引力的增加提供背书。当众包平台中的任务数量和质量达到一定程度后，接包方市场容量增加，随着众包平台吸引力的提升与服务质量的进一步保障，能有效地提升发包方反馈积极性，接包方的任务反馈数量和质量同样可以得到不断增加，双方都可以获得更多有价值的参考意见。因此，通过任务反馈管理子系统，众包模式的主要参与主体不仅更易进入因果关系的良性循环，其存在也弥补了双边市场的制度保障。

五、众包系统 IPO 框架

众包模式自正式提出距今仅十余年时间，尽管众包出现之前转包、外包等类似的商业模式已经出现，但能够充分利用互联网等现代信息通信技术联结更广泛的公众群体仍是一场巨大的变革，所以众包模式其实仍处于较为初级的阶段。正如前言中所表述的，杰夫·豪以讲故事的形式，呈现了众包在经济、文化、商业和政治层面的重大意义；文卡特·托马斯瓦米阐明了为什么企业一定要选择众包，解决了企业如何进行众包这一难题；大卫·艾伦·格里尔也在其适用性很强的《众包》一书中详细介绍了众包的五大典型类型及其操作细则，即众赛、众筹、微任务、宏任务和自组织众包；达伦·C.布拉汉姆从众包的概念和理论、众包组织和众包的争议与未来方面论述众包模式，微言大义，理论深厚。

此外，还有诸多学者聚焦更加细致的研究领域，如众包的详细界定、众包系统与模型、众包商业价值与优势、众包参与动机、众包对企业绩效的影响等。然而，对于众包的解读一直以来都过于离散，没有统一的框架梳理当前的文献，体系化值得加强。格兹等人认为，应该从创新管理的视角来重新梳理众包的系统模型，在创新管理领域，过程论是常用的视角，因为创新是一个长期且持续的过程。他们结合以往研究给出了一个正式的 IPO[I 即输入（Input），P 即过程（Process），O 即输出（Output）] 框架，如图 4-1 所示。

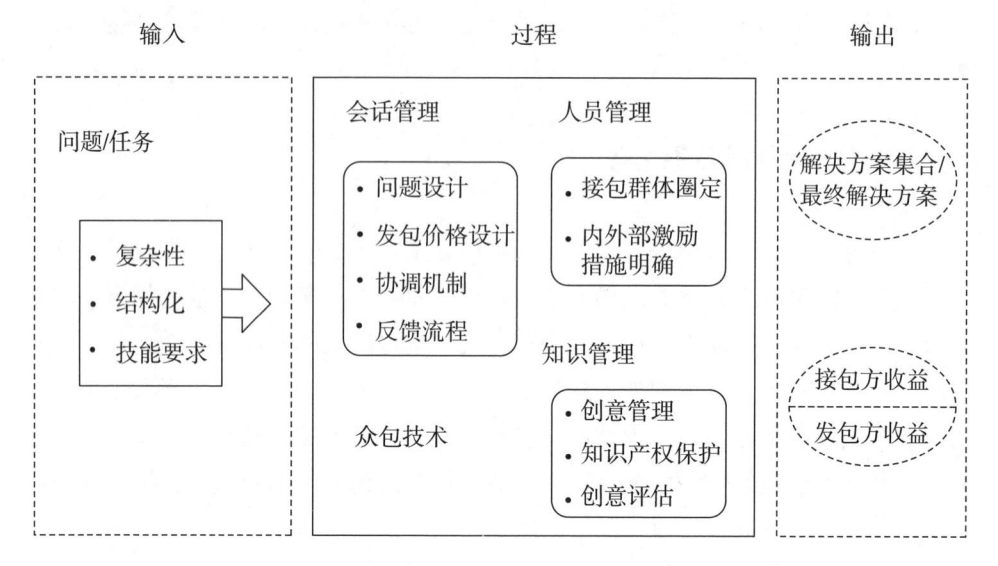

```
输入                          过程                          输出

问题/任务              会话管理        人员管理       解决方案集合/
                                                     最终解决方案
                     ·问题设计      ·接包群体圈定
·复杂性               ·发包价格设计   ·内外部激励
·结构化               ·协调机制       措施明确
·技能要求             ·反馈流程                      接包方收益
                                    知识管理         发包方收益
                     众包技术
                                   ·创意管理
                                   ·知识产权保护
                                   ·创意评估
```

图 4-1 众包系统 IPO 框架

（一）输入

在众包系统的 IPO 框架中，输入是发包方提出且必须由公众解决的问题或任务。这些问题或任务需要确定发包方（即具有特定问题或任务的组织或个人）设置的类型和结构，并明确解决问题所需的技能。通常情况下，发包方的问题或任务分为以下两种类型。

（1）创新型问题。这些问题结构通常情况非常良好，明确指出需要的技能方向和拥有技能的群体。召集的接包方都有相同的问题解决方案，发包方最终从备选方案中选择最优的解决方案（如 InnoCentive 下发的任务）。

（2）微任务。这种属于离散型问题，可以是将一个宏观问题分解为若干个更小单位的，且易于管理的部分时采用的方式。这种任务不需要接包方具有特殊的技能，而是需要服从任务解决方案的明确要求。最终，诸多接包方给出较大的解题集来满足宏任务，如李飞飞的 ImageNet 项目和谷歌的 Image Labeler 项目。

（二）过程

关于众包系统中的过程环节，可以分为以下几个部分：

（1）会话管理，涵盖众包参与主体，如发包方和接包方，以及中介平台为管理众包会话而执行的操作。

（2）人员管理，主要是发包方圈定的公众群体，以及为吸引和激励公众参与者而采用的策略。

（3）知识管理，在众包期间和众包结束后处理众包输出的结果，包括创意管理、知识产权管理和创意的评估等。

（4）众包技术，主要涉及对现代信息通信技术（ICT）以及众包提供商用于管理众包流程的软件工具的需求。

（三）输出

关于众包系统的输出层面，有两种不同类型的解决方案和已完成的任务，具体如下。

（1）由任务发包方评估和选择的解决方案。

（2）通常与其他微任务结合以解决更宏观的任务，即出现了解决方案集合。除了解决方案集合/最终完成的任务之外，在输出层还要明确接包方的最终受益和发包方的最终收益，完成本次众包活动的全部流程。

第二节 众包运作关键机制

一、交易机制

众包任务的交易机制一般情况下有四种模式：悬赏制、招标制、雇佣制和计件制。其中，悬赏制是由发包方发布任务，并提供一定数额的赏金，多名接包方根据任务内容及要求完成作品，发包方从提交的作品中选择自己满意的结局，然后付出赏金；招标制是指发包方发出招标需求，邀请接包方按一定程序进行投标的交易模式；雇佣制是指发包方自主选择接包方完成指定的任务需求，这些接包方在平台上通常具有良好的接包经验和较高的匹配度；计件制是指发包方按照约定单价，根据任务的数量支付报酬的一种任务模式。

国内众包网站当前主要采用悬赏制和招标制这两种交易模式。而悬赏制运用范围更为广泛，以"猪八戒网"为例，无论是个人还是组织想要发布任务，都必须预付全额赏金，然后在平台发布任务要求，标明任务达成给予的奖励、任务的周期，并从众多任务方案中挑选最合适的方案。对于最佳方案的设计者给予80%的赏金，而众包平台获取剩余的赏金份额，众包平台再拿出其获得赏金的20%

奖励方案设计的其他参与者。只要企业将任务发布到平台上，预付的赏金将不会被退还，以此表达完成任务的诚意和决心。

招标制是由发包方公布创新任务，接包方制订标书来争取中标获取奖励的一种交易机制。任务要求相比悬赏制难度更高，涉及金额更多，可以避免预支付大量费用。招标制应用也较为广泛，如"解放号"这样的众包平台，首先由企业机构等雇主将招标任务发布在众包平台上，接包方会根据招标书的具体要求在规定时间内提交方案，发包方将从众多提交的方案中选取最合适的标书，并通过众包平台与接包方进行沟通交流，商讨出任务计划进而达成合作，签订协议后接包方开始实施任务计划，并在规定时间内提交最终解决方案，发包方对方案进行审查，如果满足任务要求且核实无误后给予接包方任务约定的奖励。

二、定价机制

众包式创新定价机制包括需方定价、供需双方协商定价以及供方定价这三种定价机制。需方定价是指发包方根据自己对市场的定位与判断，按照自己需求所要达到的预期效果进行定价，在第三方交易平台通过悬赏获取理想产品。供需双方协商定价是指众包双方对于产品都具有一定程度了解的情况下的一种定价模式。供方定价是指自由威客（此时还不是接包方）对产品的名称、用途和范围等作出详细的说明，在互联网上发布，由需求方竞价来达成任务的一种定价模式。在定价中，一般都会包含众包平台的佣金、发布费、会员费等方面的费用，如"解放号"众包平台往往会收取非会员15%的交易佣金，会员则根据一定级别来收取佣金。

三、产出机制

众包的产出机制分为独立产出和联合产出。对于产出机制的分类，其区分标准主要是参与者的产出是否能够被准确衡量。一般情况下，对于创新型问题，接包方的产出能够轻易被众包组织者观察到，则视为独立产出，如众包平台上较为火热的Logo设计，属于典型的独立产出型任务。而当众包任务属于宏任务分解下的微任务时，众包平台的接包方提交自己的方案，他们之间相互独立，共同组成宏任务的元素集，个人努力不容易被测量，这时则被视为联合产出。国际商业机器公司（IBM）的头脑风暴就是一种联合产出的典型案例，参与者互相启发引发联想促成任务完成，组织者很难明确参与者的贡献大小，他们构成了一个团体。

Linux 内核开发社区也属于典型的联合产出，各参与者很难衡量任务贡献，因此，Linux 内核的每一次升级迭代都只能被视为一种联合产出，共同贡献。

四、激励机制

在激励机制中，赏金激励、等级排名、学习平台、人才推荐、自我提高、内部小组是众包平台最常用的激励机制。

赏金激励即通过金钱奖励的方式激励众包成员的参与，这种方式适用于对任务带来的金钱利益敏感的接包方。

等级排名主要指收入、成交量等排行榜，体现的是成员在众包社区的地位和等级，这种方式使得接包方能充分感受到自己在社区的成就，适合渴望通过挑战性任务获得认可的接包方。

学习平台是指众包平台能为众包参与方提供有助于提升任务完成效果和个人能力的资源，这种方式适合渴望通过参与众包任务而不断学习、获取知识的参与者。

人才推荐即平台通过网站首页展示、系统推介等方式使接包方获得优先对接优秀众包任务的机会，这说明接包方在众包平台拥有一定的地位和影响力，并获得了同行和发包方的认可，且有更多反复成交的机会。

自我提高即平台通过综合性评价、评分等方式促使接包方为了优化自身、提高评价而努力完成任务，在这种方式下，接包方追求成就感的心理成为重要的激励因素。

内部小组通过培养社区用户的成员感和社区内乐于分享与贡献的氛围来激励用户不断参与社区活动，知识共享型平台大多采用内部小组这种方式，这种激励方式对于享受乐趣以及利他主义者用户更适用。

此外，根据研究发现[①]，线性的奖励机制（相对于固定奖金）有助于提高众包式创新的运行效率。发包方可以在实践中精心设计一种线性奖励系数，这个系数应该与参与者的技能系数成正比，与自身的成本系数成反比。同时，促进参与者之间的交流有助于形成竞争环境和提高参与者的努力程度。

五、防范机制

防范机制主要是为了应对众包任务中的发包方和接包方都可能存在的欺诈行

---

① 根据张鹏和鲁若愚的研究成果进行整理。

为。众包任务中，发包方决定任务的发布时间、任务要求和奖励机制，发包方的欺诈行为对于平台和接包方的影响巨大。因此，发包方的欺诈行为是众包平台的防范重点。

针对发包方的欺诈行为，众包平台通常采用三个措施进行防范：严格的知识产权保护、信誉反馈机制和网络社区监督。事实上，简单的信誉反馈机制不能防范发包方的欺诈行为，因为只有获胜的解答者才能评价发包方，而如果发生了欺诈，获胜者通常是发包方注册的另一账号。也就是说，发包方自己给自己评价，目前的信誉反馈机制还达不到预期目的。因此，以知识产权保护为代表的集中式防范机制和以网络社区监督为代表的分散式防范机制是当前实践中重点采取的措施。

接包方欺诈行为主要集中在涉嫌抄袭和能力不足等方面。涉嫌抄袭欺诈行为是接包方为了赢得众包的奖金，模仿其他人的创意或盗用其他人的成果参赛，最终以非正当手段获得奖励。国内著名的众包平台猪八戒网，对接包方的抄袭举报占据所有平台举报的首位。能力不足欺诈主要是接包方对自身能力的预估不足而引发的。接包方谎报或夸大其真实能力，接受超出其能力范围的任务，最终因能力不足无法按时提交解答方案，或者提交低质量的解答方案。这些行为既耗费了发包方的金钱成本和实践成本，使发包方遭受严重损失，严重的可能还会导致市场扩张失败，产品上市错失良机，市场严重受挫。

六、信用机制

众包平台的信用机制主要包括认证审查、信用评级、托管资金、平台监督、知识产权。认证审查是平台对新进入社区的用户进行身份真实性、可信度的审查；信用评级是指通过以往参与任务的用户之间的相互评价形成用户的信用级别，用以判断用户的信用程度，减少用户的欺诈行为；托管资金是指在发生交易时先将发包方的资金托管到平台，等任务完成后再将资金付给接包方；平台监督是指通过平台的筛选和监测、成员举报等监督手段减少用户在任务过程中的欺诈行为；知识产权是指平台通过制定规则来保护接包方的知识产权，避免发包方滥用和其他用户抄袭。

七、信息整合机制

信息整合机制对于众包的运作来说相当重要，其代表了众包模式的优越性。

信息整合机制实现了众包过程各参与方在不同环节对信息的需求，实现信息获取、转化、共享、利用、反馈的高效循环机制。信息整合机制包含了信息共享与信息反馈两个方面。一方面，信息共享中包含了众包运行中的内部信息共享与参与者间的信息共享。内部信息共享是众包运行的第一基础，作为发包方的企业内部用户与管理者享有众包平台方面的消息、数据、任务等信息，在前期对平台信息和历史任务进行充分调研后，发包企业通过任务管理系统将任务传递给有效接包群体，以此来优化资源配置，解决创意成本，提高信息资源的再利用，共同创造附加财富。另一方面，信息反馈是在信息共享的基础之上，将单方向的信息流传输变为双向反馈信息流，在众包平台内，不同参与主体通过信息间的反馈互动沟通，不断完善自身的定位与不足。

众包平台上的众包任务有诸多类型，每种类型的众包任务都对应众包平台的运行机制。根据中苏（Nakatsu）的研究，这里将众包任务以任务依存性、任务结构化、任务承诺作为划分维度，将众包任务划分为七种典型类型。其中任务依存性是指任务由个人单独完成还是聚合完成或是团体协作完成，将任务分为独立式任务和交互式任务；任务结构化是指任务的解决方案能够被明确定义和表示，非结构化任务则是指任务没有标准答案，需要创造性思维；任务承诺是指完成任务所需要的工作量和资源条件，分为低承诺任务和高承诺任务。众包任务类型划分维度和运行逻辑的匹配见表 4-1。

表 4-1　众包任务类型划分维度和运行逻辑的匹配[①]

众包平台中的任务类型	交易机制匹配	激励机制匹配	信用机制匹配	防范机制匹配	定价机制匹配
结构化、独立式、低承诺	计件制	赏金激励；内部小组	认证审查；平台监督；信用评级	集中式防范	需方定价
结构化、独立式、高承诺	招标制	赏金激励；等级排名	认证审查；信用评级	集中式防范	供需双方协商定价
结构化、交互式、低承诺	计件制	内部小组	认证审查；托管资金；平台监督	分散式防范	需方定价
非结构化、独立式、低承诺	悬赏制	内部小组；等级排名	认证审查；托管资金；知识产权	分散式防范	需方定价

① 本表依据汪劲松和方婷的研究成果进行整理。

续表

众包平台中的任务类型	交易机制匹配	激励机制匹配	信用机制匹配	防范机制匹配	定价机制匹配
非结构化、独立式、高承诺	雇佣制	赏金激励；等级排名	认证审查；信用评测；知识产权	集中式防范	供方定价
非结构化、交互式、低承诺	悬赏制	学习平台；内部小组	认证审查；托管资金；知识产权	集中式防范	需方定价
非结构化、交互式、高承诺	雇佣制	赏金激励；登记排名；学习平台	认证审查；平台监督；知识产权	集中式防范	供需双方协商定价

案例阅读：开源中国众包平台[①]

2008 年，开源中国社区正式上线。彼时，各行各业互联网化步伐加快，软件开发的需求也在迅速增长，整个软件行业巨大的市场需求正在爆发式释放。然而，国内众包理念兴起的时间不长，软件开发领域的众包更是新兴事物，企业团队、开发者尚未培养用众包做开发、通过众包接兼职的意识。而软件开发的众包过程更加复杂，标准难以统一，更容易发生纠纷。国内软件众包平台若想取得长足发展，需要具备以下三大要素，或者说要跨越"三重门"。

（1）平台是否有足够多靠谱的项目。

（2）平台是否有足够多的开发者。

（3）第三方平台的功能是否完善，技术是否强。

恒拓开源创始人、董事长、开源中国首席执行官马越认为，成立 8 年的开源中国社区无疑是同时具备了这三大要素，并于 2016 年 9 月正式上线了开源众包平台。通过企业级服务积累的大量项目资源，可以作为种子项目放置到平台上，确保靠谱项目的持续发包，使平台充满活力，为用户的软件开发需求高效、快速、精确地匹配专业软件服务人才。对开源众包平台的理解可以从本书界定的钟保平运作关键机制来理解，具体如下。

1. 交易机制

开源众包平台接受两种类型的众包任务，即悬赏型和项目型，这两种任务的

[①] 资料来源于开源众包官方网站并由作者进行整理。

差异见表 4-2。

表 4-2 悬赏型和项目型任务的差异

任务类型	需求特点	竞标模式	实施模式
悬赏型	针对单一的技术问题或任务	发包方自定赏金价格并托管全额赏金，接包方直接提交解决方案竞标	选择最优解决方案结赏
项目型（整包）	针对App、微信小程序、电商平台等任务多、周期长的定制化软件开发需求	接包方依据需求竞标报价，由发包方对接包方报价方案、技术资质和案例进行评估并确认与谁合作	依据合同约定的开发计划按阶段托管、实施、验收和支付

发包方选定众包任务后，在发布时需要注意描述技巧。悬赏任务的描述要抓住场景、问题和解决方案三要素：场景是指问题产生的具体背景，如业务流程、操作环境、开发环境或现有代码等；问题则是指具体发生的问题点；解决方案则说明解决问题需要达到的结果。项目重点描述业务需求、用户需求、功能需求三个层次：业务需求用于描述业务背景，说清楚对项目的目标要求；用户需求用于描述用户使用系统能完成的事情；功能需求用于描述系统实现的功能，包含功能列表、技术要求等信息。

2. 定价机制

悬赏型任务一次性托管资金，可以根据项目的不同阶段进行托管，根据项目进展分批次付给接包方。平台服务费针对开源众包平台上的所有交易，收取对象为平台交易接包方（合同乙方），标准为实际交易所得的10%，在平台接包方收取实际报酬时平台自动扣除服务费。例如，接包方A完成一个5000元的项目后，获得5000元的实际所得，则平台从A所获得的5000元中收取500元作为平台服务费。

3. 产出机制

接包方根据发包要求提供结项方案，悬赏型任务一般提供最终解决方案，而项目型（整包）任务一般会分阶段提供，发包方也会分阶段审查并付费。当接包方申请验收后，发包方可以在平台查看交付成果，如果不满足合同中规定的验收标准，发包方可以拒绝验收，并要求接包方进行修改。

4. 激励机制

除了悬赏型和项目型所提供的直接奖金之外，平台为不同的角色提供积分，如发包方积分和接包方积分：①平台内发包方积分与接包方积分不共享、不互通；②区分发包方积分、接包方积分的原因是更好地为平台内不同身份角色的用户提供更加独立、全面、精准的服务。

与此同时，平台设定，竞标时需要支付一定额度的积分方可参与竞标，主要出于以下原因综合考虑：①帮助接包方提升竞标成功率，通过积分竞标促使接包方在参与项目竞标前更加认真、严谨地评估与把握每一次项目机会；②打造公平、公正的服务交易环境，避免因随意或恶意竞标的行为扰乱、抢占其他接包方的中标机会与干扰发包方选标。

最后，服务方按照双方合作内容已按计划全部完成既定工作任务且发包方验收完成支付款项后，交易双方即可开展合作评价。

5. 防范机制

发布项目时，除了认真撰写项目需求信息之外，最好托管项目诚意资金（200元），这样就会被平台贴上诚意标签。项目签订之后，项目阶段款托管在众包平台，待接包方完成相应项目阶段的工作内容后，发包方验收通过方可到达接包方账户，此时需注意：①对于一次性验收支付的，发包方需要在验收通过7天内完成全部费用的支付；②对于按阶段验收支付的，发包方需要在每个阶段验收后7天内完成相应阶段的费用支付；③发包方未按期支付，以合同的违约条款为准，需要按合同的约定向乙方支付违约金。

此外，平台还通过会员体系来实现对接包方和发包方的约束，如会员可竞标平台优选项目，而非会员不可竞标此类项目；根据等级，平台运营人员会手动为用户推荐适合用户的优质项目；竞标时，会员可拥有免费的雇主电话兑换次数；平台免费包装推广服务。最重要的是，平台拥有完整的规则体系，包括发包规则、接包规则、交易规则、争议规则、服务保证规则、积分规则、会员规则等，确保了发包方和接包方的权益得到公正的保护。

6. 信用机制

平台有托管资金（包括赏金型托管和项目型的分阶段费用托管两种）。在发包时，项目需求必须符合开源众包发布规则，且发包方对整包项目进行了保证金托管。在接包时，接包方的竞标文档应包括接包者的个人资料、项目经验、技术说明以及对其竞标项目的开发计划和报价。同时，竞标者过往在本平台上的项目案例及诚信记录也将一同成为发包方选标标准；在用户发布内容准则中明确限定不会发布侵犯任何版权或其他知识产权的内容，不会公开已获得的信息或文件，除非法律要求或开源众包授权等。

7. 信息整合机制

平台推荐以下措施来完成信息整合和协调：①使用Zoom等视频会议工具进行实时沟通；②依据开发计划制订项目汇报机制；③项目进度的检查机制；④项

目开发交付采用码云，发包方可实时查看开发进度和代码质量。

8.开源中国的典型发包案例

开源中国的典型发包案例见表4-3。

表4-3 开源中国的典型发包案例

入驻发包企业	发布项目总金额	典型实践项目
华为	328万元	汇集了来自OPENSTACK社区、HP架构师等35名资深开发者，为华为65个项目交付了高质量的开发成果
联想	550.2万元	30天内快速组建45人的开发顾问团队，并成功引入阿里、英特尔、微软等行业专家提供培训咨询服务
阿里云	120.5万元	借助开源众包的众多开发资源，采用并行开发模式，15天内快速完成覆盖11类开发语言的SDK开发任务
腾讯	75万元	7天时间通过开源众包快速对接近200名测试人员，高效完成了腾讯Bugly产品的测试优化任务

第三部分　众包管理实践

　　现代信息通信技术的发展推动着市场经济结构不断演化，现代企业经营也进入新的转型期，唯有创新管理模式才能使企业稳步向前。众包模式打破了传统企业"大吃小"的模式实现了创新的平衡，普通大众成为创新来源，运用这些更为广泛的创新来源，提升企业创新模式和管理效能已经成为企业管理战略和实践的重要组成部分。众包思维正发生在新产品开发、营销、客户关系管理和供应链管理实践中，与企业管理的方方面面深层次融合。

第五章 新产品的众包

新产品是组织发展的关键贡献者，尤其在企业对企业（B2B）领域，它们占B2B公司年销售额和利润的30%以上。尽管新产品的成功对企业的发展作出了贡献，但新产品的失败率仍然很高，平均为40%[1]。因此，组织继续寻找提高新产品开发能力的方法，以确保持续生存和增长。产品开发的全生命周期一般分为三个阶段：模糊前端（FFE）、开发和商业化。管理者试图提高新产品开发成功率的一种方法是改进开发周期的模糊前端中的创意生成、开发和商业化阶段的测试和营销推广。其中，更加需要关注的是模糊前端这一环节，是因为开发早期阶段的改进可以比后期更快地产生更高的利润。之所以会出现这种结果，是因为创意的产生通常比商业化和发布的改进具有更大的利润影响。所以在了解这种影响的情况下，企业长期以来都试图提升客户在新产品开发的模糊前端环节的参与度，以期应用其洞察力。在模糊前端使用的技术包括领先用户方法、一对一客户访谈、传统市场研究和其他技术（如市场联合分析）。

显然，众包已被用作一种运营前期创新手段，以增强公司的新产品开发，将开发过程扩展到其传统组织边界之外。在新产品开发中应用众包的目标是提高获得的想法或执行的任务的整体质量和数量。在业务环境中，负责优化新产品创意的这部分群体可以由内部（员工）或外部（主要用户和客户）成员共同组成。当产品被认为难以使用时，产品经理可能会决定让客户参与设计新产品，以便在开发过程的早期获得消费者的观点，将更多反馈纳入新产品开发环节，也可能创造出更富创新的、符合消费者长远需求的产品。

在新产品开发环节，传统的焦点小组、会议和其他论坛方法都有一定的弊端，众包的出现是基于与以上传统开发方式的对比，信息通信技术的进步使得通过在线社区快速有效地收集想法成为可能。然而，尽管有可能产生创造性和新颖的想法，但对于大多数组织来说，在新产品开发过程中使用众包仍然有一定挑战。在

---

[1] 观点来源于马卡姆（Markham）和Lee H的研究成果。

调整现有新产品流程以适应众包时，管理人员可能会有优势，也可能会遇到挑战。例如，究竟如何设计一种有效的方法可以识别高质量的创意，然后将这些创意整合到新产品开发流程中，而且要做到不受冗余和低质量创意的控制，就是一个很大的挑战。

第一节　新产品开发与众包

传统上，企业依赖于内部员工，尤其依赖研发部门产生产品创意，因为这些员工对企业的经营情况、产品发展路径和资源分布有更深的了解。然而，内部智力资源的桎梏使得通过这些传统途径得到的创新思维失去了灵动，尽管企业进行了不断提升科学研究与试验发展（Research and Development，R&D）投资，创新成果仍然乏善可陈，投入产出比并不理想。因此，企业也在不断寻求新的产品创新思路，如通过外部专业机构进行创新，许多企业正在外包他们的产品构思工作，通过与专业的外包产品创意机构合作，试图将新的想法融入他们的创新过程。如美国著名的专业设计公司 IDEO，苹果电脑和微软的第一个鼠标，掌上电脑的经典机种 Palm V，以及世楷（Steelcase）品牌下的 Leap Chair 等都是该公司的著名作品，宝洁、百事可乐、微软、Eli Lilly 都是它的客户。

尽管外包产品创意机构会在设计阶段进行市场调研，但是由于理想需求和真实需求的错位性以及调研结论的偏差，导致这些专业机构同样无法规避新产品开发的风险。此时，一种受到广泛关注的方法——"众包"逐渐进入企业的视线。正如前文所言，众包接包方除了是专业组织之外，还可以是更加广泛的消费者。通过在线众包系统，企业可以从大量分散的非专家"人群"（如消费者）中收集新产品和新服务的想法，而这部分人群正好是企业现实的潜在消费者。

越来越多的企业，尤其是高科技公司，如小米、谷歌、戴尔、通用电气、宝洁、乐高等都开始搭建自己的众包平台，将创造企业核心价值的重任放在内部和外部用户身上。通用电气通过众包平台收集了来自 160 个国家的不同参与者的 5000 个想法，其中 23 个想法极具价值，最终被吸收到公司的产品线中。2007 年成立的"戴尔 IdeaStorm"在线众包社区的主要目的是在众包活动中与员工、合作伙伴和客户进行互动，以提高产品反馈和新产品的质量。小米公司通过 MIUI 论坛与用户互动，建立信任的同时收集意见和建议，并据此进行产品改进。与创意者通常只在有限的时间内提交一个想法并根据提交的"最佳"想法选出获胜者的一次性解决思路不同，这些正在进行的众包社区的接包方通常被要求继续提出任何可能会改进组织产品和服务的小创意。

事实上，企业既可以在组织内部进行众包，也可以在外部与主要用户和潜在客户进行众包。内部众包已经形成了完善的机制，如通过员工社群在线匿名进行，举办内部创新竞赛等。普遍认为，内部众包是一种鼓励公司内部协作的有效方式，提升企业内部创新热情，加深内部员工联结情感，在新产品上市后对产品也会有更多的包容。在外部，信息通过自建网站或第三方平台的组合进行众包。与内部匿名接包方提供的创意适用阶段不同，外部接包方生成的创意信息更适合用于修改现有产品或已经进入开发阶段的产品，以期更好地满足客户需求。在新产品开发的三个阶段中，每个阶段都会有一些可以用于众包创新的子任务，众包接包方的构成在新产品开发的不同阶段也是不同的。新产品开发阶段参与接包方的类型与目标设定见表5-1。

表5-1 新产品开发阶段参与接包方的类型与目标设定

产品开发阶段	外包接包方构成	主要目标	子任务合集
模糊前端阶段（FFE）	以内部匿名员工为主（内部众包），外部接包方为辅	识别市场机会，确定创意	战略规划；市场研究；创意汇集；创意升级
开发阶段（development）	以供应链合作伙伴和关键客户为主，内部匿名员工为辅	开发产品原型	产品原型设计；技术迭代应用；原型测试
商业化阶段（commercialization）	以广泛的接包方，如潜在目标客户、第三方评测机构和大量现实客户为主，内部匿名员工为辅	优化产品线，改进产品质量，降低产品成本	产品生产；商业化；营销策略制订

由表5-1可知，在新产品开发的模糊前端阶段，众包的接包方主要以内部匿名员工为主、外部接包方为辅，因为内部员工更熟悉组织的目标，而内部接包方也因为匿名而感到安全。在新产品开发的开发阶段和商业化阶段，接包方可以主要由企业外部的人员组成，如上下游合作伙伴、用户、第三方评测机构、独立营销平台等。此时，企业作为任务发包方，应重点设计不同阶段的激励机制，保证每个阶段的不同接包方能够持续参与企业创新过程，通过可持续的众包能够使企业和企业的业务受益，最终促进企业创新。

第二节　新产品开发的众包任务划分

现代产品一般比较复杂，采用众包方式时，需要首先明确新产品开发中的问题是否能够在不影响产品基本路线和保密前提下通过众包模式解决，即众包模式适用性的前置问题需要明确。

第一，确定新产品开发中问题的隐含性与复杂性。如果隐含的问题或复杂的问题不易传递和表达，则需要高协作性的众包网络才能解决；如果问题属于低隐含性和低复杂性，可以通过竞赛型众包模式来快速获得解决方案。

第二，问题是否可以被分解为不同的模块，如果新产品开发过程易于模块化，则更加契合众包接包方时间碎片化的特点，而且对于模块化问题，发包企业可以更容易征集到足够多的接包对象，且通过分段结算的方式降低风险，企业可以充分筛选出最优解决方案，最终组合为高质量的解决方案。对于非模块化且只能通过整包进行众包的任务，需要更加全面和丰富的知识来解决，接包方数量有限，质量自然也受到限制。

第三，确定解决问题所需要的信息和知识的黏滞性。如果新产品开发中某些问题的解决需要依赖用户的需求信息，但是这些信息量非常大且不容易传递，那么把这样的问题进行众包会显著降低信息传递费用和交易成本。因为众包模式中任务接包方具有自我选择的特点，即企业只需要付给最终成功解决问题的接包方以酬劳，避免了企业外包给专业机构时出现的时间和金钱的浪费。

第四，明确过程和最终解决方案的评估标准。无论是内部众包还是外部众包，最终都需要很好的评估标准来选出最优化众包解决方案。从根本上来说，对任务接包方所提方案的成本和收益的评估是唯一准确和公平的策略，也是具有可操作性和可衡量性的基准，在众包任务发布之前，要明晰是分段评估还是结果评估，确立最终解决方案的评估体系。

第五，明确接包方参与动机并制订相应的激励措施。接包方的参与动机无外乎精神奖励或物质奖励或二者皆有，更具体地说，精神奖励是为了追求自我实现还是外部赞誉，以及物质奖励的触发阈值等都需要在发包企业发包任务之前了解清楚。只有这样，才能充分调动任务接包方的参与意愿和积极性，吸引合格且足够数量的参与者。

在确定新产品开发中的问题可以通过众包解决后，企业需要对众包任务进行划分。在这一阶段，作为总设计任务的宏任务可以被分为若干微任务，通过平台分配给不同接包方，便于新产品概念工作的开展。因此，新产品众包任务模块的合理划分，是众包式社会化产品开发过程的首要关键问题。

根据产品模块的定义和社会化开发模式的特点，任务模块划分原则主要为满足该产品模块的功能独立性和结构完整性，众包设计任务模块内的子设计任务间信息交流聚合度要大，模块间信息交流耦合度要尽可能小，粒度合理，且协作设计难度应尽量低。新产品众包模块的划分主要采用功能分解法和结构分解法两种途径[①]。设计结构矩阵可以用来描述新产品微任务之间的关系，通过这种关系的紧密度，运用一定的规则就可以得到宏任务的若干微任务模块。最后，再根据这些微任务模块的描述，包装成为相应的产品子任务，分给众多接包方。

第三节　新产品众包开发框架

传统新产品开发框架重点始于产品概念。产品概念设计流程如图 5-1 所示，涉及产品概念生成、评估、选择和反馈的迭代形式。整体设计过程从市场研究开始，以确定客户需求，然后建立设计概要或产品设计规范（PDS）。基于设计规范，可以生成广泛的产品概念，然后参考设计规范和客户需求进行评估。随后，做出设计决策。在产品概念的选择过程中，如果产品概念的创意足够好，则直接被接受并用于下一阶段的进一步开发；如果产品概念创意值得改进，就根据评估提供反馈以改进为更好的概念；如果创意不能满足产品设计需求，则直接丢弃。这是一个典型的概念迭代开发过程，概念生成、评估、选择和反馈等活动循环进行，直到最终解决方案被发包方接受。

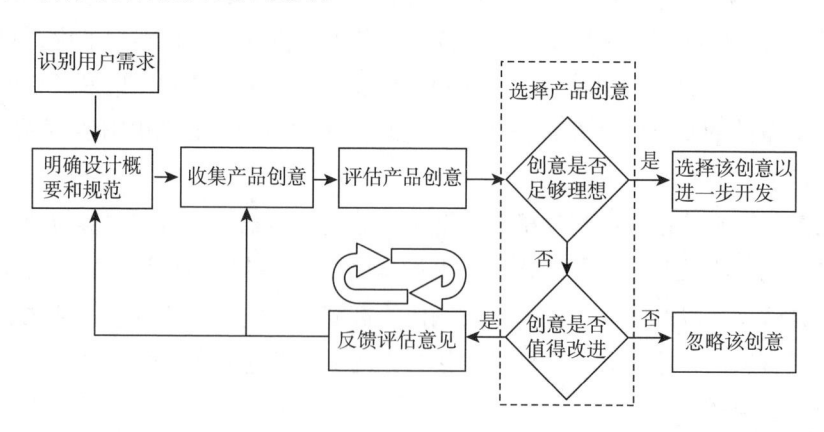

图 5-1　产品概念设计流程［基于乌尔里克（Ulrich）和埃平格（Eppinger）的研究成果］

---

① 两种任务模块划分依据主要为刘电霆等学者在《协作设计众包任务优化分配建模与求解》一文中的观点。

新产品众包开发框架（图5-2）是由通用的框架转变而来的，但是吸纳了诸多先进的评价标准和手段，如基于人工智能和算法的自动评价标准，减少发包方对大量接包任务解决方案的初步筛选工作，具体开发的流程如下：

（1）企业内部产品经理定义产品设计任务，并设置任务目标、评估标准、技能需求和激励机制。

（2）通过众包平台下发众包任务，选择定向或公开两种渠道中的一种或两种并行，邀请平台上的威客投标该任务。

（3）威客接受任务之后（此时成为接包方），签署任务完成协议，加入产品设计小组，并通过约定好的协作沟通渠道工作。

（4）在阶段性目标截止前，接包方可以将结果和解释性文件提交至众包平台。

（5）众包平台负责将提交的任务解决方案通过合适的方法，依据事先设置好的评估标准进行评估，如基于机器智能的自动评估或基于众包的方法。

（6）经过平台的初步评估，平台会汇总评估结果，将更加符合发包方任务要求的解决方案打包给发包方，并获取反馈意见，这些建设性反馈会继续回复给相关任务接包方，从而指导他们改进他们的设计并进入产品概念设计流程的下一个循环。

（7）满足众包任务的要求，完成该阶段众包任务，进入下一阶段的开发。

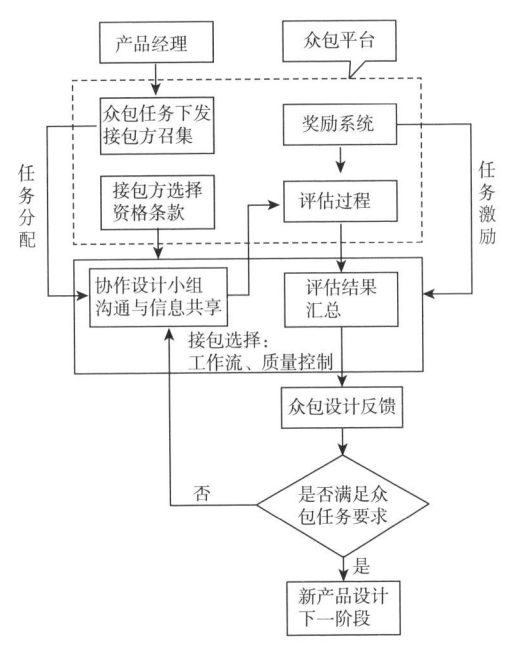

图 5-2 新产品众包开发框架（基于 Niu 等人的研究成果修订）

与一般的众包过程框架不同,新产品众包开发过程更注重产品概念创意设计评估,并反馈给相应的设计师。因此,在新产品概念迭代流程中,需要重点关注实时沟通和信息共享技术、产品设计评估和评估结果整合与反馈的技术。

(一)实时沟通和信息共享技术

现代信息通信技术在新产品众包开发过程中发挥着重要作用,因为它们实现了信息的实时互通,是虚拟制造和协作设计的基础。新产品众包开发过程涉及多个阶段,分布式团队或具有专业技能和经验的个体在协作过程中势必要面临文化差异和协调的挑战,有效的沟通和协作机制有助于这部分人群理解分包的任务,提高跨单位(个体或团队)的工作效率。一般情况下,支持信息共享和文档的异步编辑的平台是接包方常用的交流媒介,如众包平台的讨论区、博客以及实时社交媒体等,可以满足新产品众包开发中信息共享和实时沟通的需求。例如,开源中国众包平台就要求,发包方和接包方尽可能采用平台自建的托管服务——码云,减少协作难度和风险。

(二)产品设计评估

产品设计评估在传统的新产品开发流程和基于众包模式的新产品开发流程中都至关重要。在传统的新产品开发流程中,企业内部研发人员的知识和经验会被用来评判新产品创意的合理性和先进性。但是进入众包环境后,外部创意数量急剧上升,传统评估方法变得非常困难,采用更有效率的方法势在必行。于是,数字化和非数字化的自动化评估方法成为新产品众包开发评估的重要依据。当然,这些评估方法同样是基于以往内部研发人员的评估指标,将这些评估指标变为算法,加快评估。当采用非数字化评估技术时,虽然较为简单,但是无法处理决策者的不确定和主观判断,运用非数字化评估技术时,尽管定量方面的判断更加有效率,但是对新产品概念的创意失去了很多解读。因此,众包环境中,新产品开发的评估体系往往都是由两种评估方法糅合而成的结构化评估体系,以选择最优的创意方案。

(三)评估结果整合与反馈

在对新产品众包开发出的产品概念进行评估后,产品经理或平台会根据它们在设计评估阶段获得的分数进行排名,从而组建一个入围的列表供进一步评价。对于入围的新产品概念,相关工作人员需要将评估结果的反馈提供给相应的接包方,以便进一步完善和开发。合理且及时的反馈可以激励接包方并进一步提高设计质量，反馈的内容可以包括但不限于对设计理念的有效且公正的结论和阶段性的激励回馈。合理利用评估结果整合与反馈技术有利于产生更强的小组凝聚力和更高质量的产品概念。

案例阅读：众包开发的波音 787 梦想客机[①]

过去，波音公司的新产品设计标准方法是创建设计定稿并将其发送给供应商进行生产制造。然后，供应商将制造完成的零件运送到波音公司，由其工人将它们组装在一起。然而，随着时代的发展，全球的著名飞机制造企业都在寻求设计出更便宜、更省油的飞机，市场上出现了创新竞争。与此同时，波音公司在航空航天领域的领先地位也被其欧洲竞争对手空中客车公司所威胁，它必须通过有限的创新资金来完成新一代飞机的设计，当然，这个创新有最后的期限要求。

为了解决这一问题，在打造 787 梦想客机时，波音公司走上了不同于传统新飞机设计的路线。该公司没有像以往一样，自己做所有事情，自己拿出设计稿，而是邀请其全球供应商在飞机制造的所有环节进行合作，从产品设计到工程原型，从制造到销售理念创新，波音公司邀请了来自 100 家不同公司的工程师进行合作。显然，突破传统并不容易，而且有巨大的风险。

新的、基于众包设计的 787 梦想客机，它是波音公司无法独自实现的创新产物。在此过程中，诸多全新理念得到了应用，如全新的轻型机翼，全新的、更快和更高效的维护系统等，同时，众包模式也将 787 梦想客机的设计过程缩短了一年，组装过程缩短到只有三天。回想这段经历，波音公司承认，他们永远不会再回到传统的产品设计过程中去了。

[①] 案例来源于网络，并由作者进行汇编。

第六章 众包营销实践

市场上的供需关系正在发生着巨大的变化，用户在产品成交过程中掌握的主动权越来越大。随着现代信息通信技术的发展，用户可以通过互联网轻松地获取目标产品的相关信息，并在给定的供应商范围内找到最好的成交对象。他们可以研究各个供应商在价格和产品功能上的差异，也可以在社交媒体上与供应商的前客户和现客户进行交流。传统的销售技巧会愈发力不从心，企业必须要用创新的方式来接触用户，与用户互动。因此，用户互动正在成为当代企业营销策略的一个重要环节，也是"以客户为中心"营销理念的核心体现。

众包营销是一种营销策略，众包营销允许客户就企业应如何运营或公司应将哪些功能纳入其产品中提出自己的想法。将众包作为营销计划一部分的公司旨在收集来自各种潜在消费者的意见，以指导市场研究，与受众建立真正的联系，并获得用户对产品（包括新产品）的认可，从而直接或间接地推广企业产品。公司使用众包从现有的用户和可能具有解决某个科学或设计问题能力的专家那里获得关于产品开发工作的意见和建议，并通过众包渠道进行产品促销推广。事实上，新产品开发也属于营销策略中的一种，第五章已经单独讨论了新产品开发的众包策略，本章重点论述众包营销实践。

第一节 认识众包营销

一、众包营销的概念与框架

众包模式凭借其创新能力强、资源成本低、传播速度快、影响范围广等独特优势在企业的营销策略制订中广受青睐。企业应用众包模式实施营销创新过程中，将从两方面改变企业原有的营销策略：其一，与传统企业信息流反应迟缓不同，众包模式在营销创新过程中的应用使得产品/服务信息能够得到更充分有效的分享和传播；其二，与传统企业很难有效获得消费者对产品信息的反馈不同，众包模式在营销创新过程中的应用使得产品信息流能够更快速有效地获得反馈。

从狭义视角来看，企业利用众包平台（互联网虚拟社区）进行包括产品销售、公共关系维护、品牌形象塑造和传播、客户服务等在内的营销策略被称为众包营销，以上策略是系统的、长期的、可持续的营销传播计划，短暂、单一的众包形式不是众包营销，而是一次众包活动。因此，众包营销绝不应该仅仅定位于"最后一公里"的推销式销售行为和品牌传播策略，而是贯穿于整个营销流程。与传统营销流程不同的是，众包营销将现实和潜在用户作为营销传播过程中的核心环节，将其纳入智力资源和能力的备选池，充分利用这些资源反馈于企业的营销实践。

本质上说，众包营销作为一种新兴的营销模式具有很大的实用价值和应用范围，企业的任何营销行为都可以尝试通过众包营销来实现。一般意义上的众包营销概念，应包括以下四个方面的基本要素。

（一）基于互联网虚拟社区

作为一种在线分布式营销形式，众包营销必须通过互联网虚拟社区将众包任务传递给潜在和现实目标客户，甚至是不确定的公众，并由其完成，这是众包营销活动赖以生存的基本条件。可以说，没有基于互联网的虚拟社区，众包营销就不会存在。要进行众包营销，首先应该构建一个可依托的品牌社区。小米公司通过MIUI论坛进行产品开发和营销推广就是企业依托互联网虚拟社区开展众包营销的典型案例。

（二）公众自愿参与并自由退出

众包营销活动由企业发起，公众参与，因此，公众才是核心。传统的营销活动往往始于企业，通过专业营销代理公司或公关公司策划并完成，公众仅作为受众被动接受，作用微乎其微，更遑论产生有价值的反馈。互联网的发展让公众有了公开参与企业营销活动的可能，众包营销则将众包这个大众参与的商业活动纳入营销体系中，让本来居于企业营销末端的用户真正参与到价值创造、分享和传播的全过程中，改变了传统营销的逻辑，成为真正意义上的"体验营销"和"精准营销"（感兴趣才会参与）。可以说，众包营销的营销对象经历了由"以需求为中心的客户"到"以价值为中心的合伙人"的转化，用户和企业的关系是一种基于价值共享、相互依赖、高质量的交流之上的伙伴关系。这种伙伴关系让用户拥有了极大的认同感和归属感，正是这种情感的归属促使用户主动成为产品或品牌的粉丝和代言人，自觉参与到众包营销活动的全过程中。

（三）公开发布众包任务

作为众包任务的发布者，众包营销的发包方身份不限，可以是企业、组织，也可以是个人。但任务发布方式必须是完全公开的，即通过众包社区公开、透明、公正，且没有名额、国籍、身份、职业技术水平等限制面向全体社会大众的征集。显然，众包营销与众包竞赛完全不同，众包竞赛仅仅需要解决方案，很多时候可能会采用"秘包"的形式针对性发送，而众包营销更多需要的是营销效果，覆盖的公众范围越大，参与的公众数量越多，效果越显著。

（四）完整传播与数据化

众包营销中，用户是核心，口碑营销是关键，数据是突破口。

首先，众包营销以用户为核心，营销的主体和营销的对象都是用户。每一位参与众包营销活动的用户，既是营销活动的发起者和参与者，也是营销的对象和受众，他们贯穿众包营销的全过程。

其次，众包营销要让群众智慧转化成群众的力量，口碑营销是关键。在众包营销中，用户作为众包营销活动的主体，自觉担任了众包活动的传播者。通过将用户内部化、主体化，众包发布任务是一次传播，用户接受任务将它分享出去也是传播，完成任务后的快乐分享也是一次传播。从资深用户到一般用户再到非品牌用户，正是一次又一次的口碑传递，为企业形成强而有力的口碑积淀，从而在产品的销售、推广中不断提升品牌形象。

再次，企业要获取用户价值，数据是突破口。众包营销离不开企业挖掘数据和使用数据的能力，企业能否在资源密集的大数据中找到有价值的数据，通过深耕挖掘用户需求，打造主动的营销环境，是众包营销成功的关键。就像互联网时代汽车企业转型研究委员会秘书长萧立晔针对凯翼汽车众包项目所说的[①]："广泛的公众参与是众包造车的前提，如何收集大量、有效的数据，是这一新领域尚待突破的瓶颈。"

基于互联网虚拟社区、公众自愿参与并自由退出、公开发布众包任务、完整传播与数据化这四个要素构成了众包营销的概念框架，具有营销传播性质的任务主题贯穿始终，强化了其区别于一般营销传播活动或众包活动的特殊内涵。由此，传统的营销传播的壁垒被打破，过去被边缘化的、非专业的营销传播人才开始活

---

① 观点来自刊发于《中国经营报》（总第2122期）的《凯翼"众包"：创意造车 or 花样营销？》。

跃于众包平台，成为既是信息接收者、产品消费者，又是信息传播者、产品生产者等多重身份的主体角色。

二、众包营销的竞争优势

相比于传统的营销模式，众包营销有其独特的竞争优势，主要体现在以下五个方面。

（一）加强市场研究

当创意、信息和资金被众包模式融合时，企业有机会从数量庞大的公众群体中收集到足够多的数据。许多众包项目要求参与者填写有关其人口统计、购买习惯和其他的重要信息。这使得众包成为一种经济有效的方式来进行市场研究和了解他们当前客户群的详细信息。

（二）产生经济效益

众包模式借助互联网开展业务，为发包方企业节省了办公场所的租金和聘请专门人员进行管理的费用。不仅如此，"主动参与式"的传播模式也为企业节省了宣传费用。由于消费者也是产品价值的创造者，所以他们推广产品的热情和积极性被充分调动起来，在无形中传播了企业的价值文化，宣传了企业的产品和服务，成为企业品牌营销传播的中坚力量。而且，公司从众包活动中获得的宣传还可以增加销售额。人们可以通过众包活动第一次了解一个品牌，并进行首次购买，因为他们觉得与公司有关联。如果其他客户帮助影响产品以专门满足他们的需求，一些消费者也可能会感激，这是因为使用该产品的人对如何使它变得更好有很好的洞察力。

（三）培养客户忠诚度

众包允许客户直接参与公司产品的设计，这可以产生品牌忠诚度，并帮助客户对品牌产生更多的参与感。有趣的竞赛和品牌曝光机会可以吸引客户花时间思考和使用公司的产品。如果公司展示了他们提交的部分内容或发布了他们在比赛中投票支持的产品功能，这也给了他们重复购买的动力。同时，企业实行开放式创新，充分吸收外部创新资源的同时也更了解消费者真正的需求，不再是"流水线"式的生产。众包式营销不仅能满足用户自身个性的实现，同时也保证了产品的质量，增强了用户对品牌的忠诚度。

（四）提升核心竞争力

在管理学的相关理论中，协同是指："组织单位在共同工作时通常会比分别工作时更加成功。"所以说，群体智慧在一定程度上是超越个体智慧的。众包体现的就是"参与式"公众文化，展示了大众全体协同的力量，有利于解决复杂性和多样性的难题。与此同时，用户成为价值创造者，更容易对企业或产品产生感情。众包模式下的营销策略从认识到方法上都得到了显著提升，营销管理能力的提高是提升企业经营核心竞争力的关键。另外，众包营销可以激发社会创新能力。接包方为了实现发包企业的营销需求，必须结合其自身知识和技能，并且需要不断地学习和创新，从而大大提升接包方自身的学习和创新能力，最终提升了企业的核心竞争力。

（五）易于产品质量控制

众包式营销的生产方式与福特主义是对立的，后者代表着主宰工业时代的流水线精神，强调工作分工，用科学的流程图及严格的全面质量管理体系来实现产品的质量保证；而前者则将生产的主宰，即质量管理的主体转换为客户本身。客户是产品质量的裁判，企业应当及时对客户反馈的意见进行调查和整改，并针对不满调整企业产品，从而实现客户满意度和忠诚度的提高。众包式营销将客户纳入整个营销体系，一方面在设计者理念上，客户被认为是创造者、艺术家、科学家、建筑师、设计师等，他们的创造性以一种合理的方式被表达出来，并在一个职业领域实现自己的价值，客户实现自身个性目的的同时，不仅实现了产品的个性化而且保证了产品的质量；另一方面，在营销实施上，企业各部门在研制质量、维持质量和提高质量方面的活动因为客户的参与而更加成为一体，营销和销售的过程因为客户的参与而更容易得到控制。

第二节　众包营销模式与细化策略

一、众智（Crowd-Wisdom）

众包营销中的众智模式主要指的是企业利用大众的认知知识对自身营销策略的制订提供建议。众智模式主要包括以下五种具体策略。

（一）专属合作策略

企业结合自身现状，引入互联网技术开设网站或创建链接，任何人均可注册账号，之后由公司统一审核认证，成为众包模式中的一员。在报名认证过程中，企业应均匀分布不同注册用户的空余时间，确保每天每个时间段均可以及时找到解决者，避免出现突发问题。当企业营销环节出现问题时，便可以在网站上发布，之后相应时间段的接包者便会提出建议，高效解决。

（二）第三方网络平台策略

当前互联网存在较多类型的众包平台，企业可以在这些众包平台中注册账户，按次、按月、按年付费，定期发布自己的众包任务，明确在此平台广泛征集营销策略主题，明确征集截止日期。征集截止后，由专门的工作人员收集整理所有的大众方案，及时传递至企业，由营销管理人员筛选使用。采纳后的方案也会及时在网络平台进行回复，给予提供者一定的精神奖励和物质报酬。平台也会根据众包结果提高任务接包方的经验值，升高其级别，任务接包方凭借其经验值可以得到更多薪酬待遇，进而全面调动大众参与的积极性。

（三）大型活动策略

当企业遇到营销瓶颈时，可以举办大型活动，在向用户宣扬自身文化氛围的基础上，征集营销策略，提高知名度。例如，企业可以举办"请你做营销员"的活动，活动举办前应做好全面宣传，吸引更多公众参加。同时，还应设置不同级别的奖品，调动大众的参与积极性。之后在活动中向大众提出自己需要的营销方向，通过活动得到理想的营销方案。需要注意的是，大型活动的开展成本较高，适合规模较大的企业，不适合小型企业。

（四）商场建议箱

企业产品在商场实际销售的过程中，企业可以指派专门的工作人员到商场收集用户建议或意见，通过给予奖金的方式填写调查问卷，针对用户提出的建议或意见提出合理的修改措施。企业也可以在商场附近安装建议箱，便于用户购买产品时及时提出问题。通过建议箱的方式，可以使企业全面了解用户需求，在最短的时间得到更多反馈，并及时调整，提升产品质量与创新性，提高销售量。

（五）共同生产策略

为了全面满足用户的实际需求，企业应在研发、生产、销售策划、营销方案等制订过程中召集用户参与,在参与期间,用户可以根据自身需求提出针对性意见,积极发表自身见解。之后内部人员根据用户建议及时完善产品,确保企业无须耗费额外的时间与精力就可以获得自身产品可以被高效改进的方案,在节约成本和时间的基础上,提高营销利润。

二、众创(Crowd-Contest)

众创也叫大众创造模式,主要是指企业希望开发出更适合用户、更高效的营销模式,或者开发现有产品之外的其他全新产品,全面迎合大众口味。众创模式有以下四种具体策略。

(一)专属合作策略

在产品开发方面,企业可以运用基于大众创新潜力的创造模式,在企业网站上发布研发难题,由专业人士、业余爱好者组建专门的众创解决团队,共同商定创新方案,在满足用户基本需求的基础上,降低销售成本与市场风险。

(二)第三方网络平台策略

除了需要共同商定策略外,第三方网络平台模式要求接包方应基于用户的身份提出营销建议,以便开发设计出更符合用户自身需求的创新产品,节约企业运营成本。由用户提出意见,还可以大幅度降低销售难度,避免产品的上市风险。除此之外,用户,尤其是潜在用户提出的意见更易被大众接受,可以获得更明显的效果。

(三)大型活动策略

众创模式下的大型活动,不同于众智模式下的大型活动,任何产品与营销方案的创新都不可能在短时间内完成,无法及时为企业呈现建议与想法,且大型活动也无法实时举办。因此,企业可以在大型网站上设计大型活动,由报纸、电视、新媒体等加大宣传效应,吸引更多大众参与,在宣传企业自身的同时,也能获得更多创新性的意见。企业还可以通过宣传召集部分优秀接包人才,通过闭关的形式,运用"设计思维"在固定时间内高效完成众创任务。

(四)实验基地策略

实力雄厚的大中型企业往往拥有固定的营销投入和研发投入,雄厚的资金可以支持企业在本地乃至世界各地组建自己的实验基地，或与高校、科研院所合作共建实验基地（人文社科和理工科两类）。企业可以汲取实验基地中合作人员的智力资源，通过下发研发（众包）任务的方式实现研发或营销策略的收集。随后，企业管理人员审核筛选这些方案，并最终选择最适合的方案。企业为成功的接包方提供额外的奖励以提升其参与下一次众包的积极性。实验基地策略可以融合多种创新意见，开发出更符合消费者心理的产品类型和营销策略，在提高新产品与新策略实用性的基础上，为企业带来更大的经济效益。

三、众决（Crowd-Vote）

当企业面对多种营销方案、多种新产品、多种设计方案无法决策时，显然不能通过"抓阄"来决定，此时可以考虑引入大众意见，挑选出最合适、最迎合大众需求的创意，这便是众决，也叫大众投票模式。众决模式有以下四种策略。

（一）专属合作策略

企业在自己专属的网站发送研发出的同类产品、制订的同类设计方案等，通过对比，要求在相应时间段内让大众投票选择，选择最恰当或最适合上市的营销方案，确保企业可以根据消费者的基本需求进行生产，占据市场的主动地位。

（二）第三方网络平台策略

当企业遇到无法选择的同类产品或营销方案时，应在众包网站上以选择题或投票的方式发布信息，引导大众选择。投票截止后，网站工作人员详细统计数据，向企业反馈最终的产品结果，之后企业根据大众的投票设计和生产产品，执行营销方案。

（三）实地调查策略

在设计产品或营销方案时，若中小企业面对的选择较少时，可以引入实地调查方法，企业根据自身产品需求设计调查问卷，之后指派专业人员到人员密集的场所或同类产品商场发放问卷，在发放时赠送试用品，宣传自身的产品或服务，吸引并赢得大众的信任。完成调查后，收回调查问卷并统计数据，得出最终结论，以供管理人员参考。这种实地调查工作受限于样本局限性，具有一定的偏差，应尽量明确以往同类型产品的销售人群特征，主要针对目标用户集中地进行尽可能多的样本调研，才能得出相对更为准确的结论。

（四）共同生产策略

当企业面对几个高品质的设计方案或营销方案而无法抉择时，可以通过众包任务邀请用户参与内部运作流程，由接包方与内部专业人员共同决定选用最终方案，以更符合用户的实际需求，保证顺利实施。

四、众筹（Crowd-Funding）

众筹又称大众集资、公众集资、群募、公众筹款，是指个人或企业通过互联网向大众筹集资金的一种集资方式，是群众外包和替代金融（Alternative Finance）的一种形式。众筹主要通过互联网展示宣传计划内容、原生设计与创意作品，并与大众解释通过募集资金让此作品量产或实现的计划。支持、参与的大众，则可借由"购买"或"赞助"的方式，投入该计划以实现计划、设计或梦想。在一定的时限内，达到事先设定募资的金额目标后即为募资成功，开始使用募得的金钱进行计划。一般而言，众筹是通过网络上的平台连接起赞助者与提案者，用来支持包含产品创新、艺术创作、软件开发、设计发明、科学研究等各种活动。在企业营销工作中，众筹模式指的是结合大众资金，开发大众钱包，使大众代替银行或其他金融机构为企业提供产品或营销资金来源，以生产、销售符合大众要求的产品。众筹模式有以下两种策略。

（一）专属合作策略

企业在公司网站上发布设计出的产品模型，需要购买的客户预先支付30%的预付款进行预定，客户甚至可以先付款买下产品，当预定客户达到一定数量时，可以集中生产产品，即便后期销量不佳，也不会发生因盲目生产而压货的问题，降低了销售风险。

（二）股份分红策略

对于上市公司而言，可以通过发售股票的形式，吸引感兴趣的大众入股，通过此种方式集资。入股的大众不但可以得到自身所需，还可以享受年底分红，在促进企业快速发展的基础上，实现双赢。

五、微任务（Microtasking）

商业中唯一不变的就是变化。在当前季度有效的方法可能会在下个季度过时，而在市场变化的情况下保持灵活性的公司将会蓬勃发展。能够在几秒钟、几分钟或数小时之内处理完毕的任务都被称为微任务，微任务处理是将给定任务分解成更小的任务的过程，是解决不断调整和重新调整状态的强大工具。

微任务服务通常涉及数据收集和分析，这些任务通常无法被计算机驱动分析和自动化取代，需要人工检查、记录和报告。微任务服务可以在任何地方执行，所以微任务平台往往会允许企业利用全球劳动力，通过互联网自动支付。在很多时候，微任务合作伙伴是企业简化运营和扩大业务范围的理想方式，也是营销策略的重要模式之一，它可以增强营销的灵活性，让企业的营销策略变得更加敏捷。

上海喇叭信息通信技术有限公司创立的"微差事"App是一款基于众包模式的B2C（企业对消费者）微任务对接平台，提供给企业和品牌以发布个性化微型任务，通过平台上百万活跃用户进行传播、消化。所有移动端用户就如同企业和品牌的弹性兼职雇员，完成企业过去由内部团队或外包执行的工作，经审核后获得金额不等的现金报酬。

目前"微差事"平台上主推的"监察"功能解决了企业和品牌在劳务、营销众包上的需求，如零售检查、营销活动、广告监测、市场调研和产品体验等功能让品牌和企业在商业数据采集、市场调研、产品营销层面上得到外部智力补充。借助"微差事"平台，企业能超越力所能及的地理覆盖范围，延伸到全国各地三线到五线城市，有效降低任务执行成本，快速填补执行人员缺口。微差事App上线至今，全国已有超过千万的用户下载，覆盖全国600多个城市，与百家国内外知名企业合作、发布数百万条微型任务，堪称国内在用户量和地域范围上特别有影响力的任务执行利器。

第三节　营销模块中的众包应用

一、基于众包模式的广告与促销策略

众包时代，互联网越来越多地融入了交流、互动、分享的人性化元素。新的媒介形式和传播载体带给网络用户更加新鲜的体验，更具创意的广告和促销模式应运而生，社交媒体正是其中的创新媒介形式之一。每个用户都有成为信息发布者的可能，但实际上由于深度思考的缺失，能够真正发布高质量原创信息的人还是极少数，大部分情况下，个人都只是信息的转发者。

由于传统广告的消费诱导动机很容易被受众识别，所以要想获得受众的推荐，

成为关注热点，广告必须摆脱陈旧的面貌，和品牌一起直接转换为生活内容，从而长久地停留在消费者的生活方式之中。众包任务则让这部分缺乏内容制造能力的信息转发者成为企业广告和营销传播的合作伙伴，通过与企业分享想法和主意以及与企业互动以获得企业的注意和馈赠。

很多企业和品牌已经注意到众包对广告和促销方式的革新价值。例如，2011年大众汽车在加拿大开展了一场活动，该活动号召该公司的粉丝们来为大众公司"驱动"系列广告的第三章节选择合适的剧本、演员及主题音乐。这个活动是为了创造一种社会化广告效应——大众公司想创造"大众自造"的概念，所以这个活动要向大众传递"广告自造"（由大众自己来创造广告）的理念，这个活动中的最佳创意将被大众公司的广告所使用，广告片尾部分则对创意提供者进行了致谢。可口可乐公司于2014年曾与eYeka众包平台合作举办过一场"众包"广告创意比赛，比赛从最初收到的大约3600个作品中筛选出10个作品，而一个来自亚洲的作品最终成为这10个入围作品中获得了大奖的作品。冠军广告语比可口可乐委托其他广告公司制作的广告语的效果要好得多。与通过传统宣传方法相比，可口可乐的产量因该条广告提升了8倍。

二、众包社区与企业品牌形象传播

在信息化时代，大众往往被繁杂多样的信息所淹没，传统广告的转化率和效果与日俱减，很难让产品、企业突破重围。而通过众包社区聚集而成的粉丝集散地，将成为有效传播品牌，维护品牌形象的核心领域。企业可以借助众包社区的社会关系网络节约技术和宣传成本，通过口碑相传的方式提高用户对企业品牌形象的认可和好感度。

众包社区最明显的特点就是用户参与产品体验与传播过程，并形成良好的互动氛围。此时，众包社区的参与者同时构成了产品、品牌传播链条上的重要环节，在体验和消费环节中不断传播企业的价值文化，从而提升了品牌价值。参与者们同时也成为口碑营销的中坚力量。此外，众包社区能够增加用户黏性，使参与者感觉到自己融入了品牌的传播工作中。受众从原先被动的接受者，变身为品牌推广的参与者，品牌传播的效果更加深入人心。

众包社区要求消费者参与到企业价值挖掘、价值创造、价值传播的全过程中。纵观国内的众包成功案例，众包社区的用户，作为用户价值传播线上的重要环节，是品牌口碑营销的中坚力量。

对于企业来说，一方面，社区是一个具有一定品牌忠诚度的高黏性爱好者组织，具备较强的辐射作用，可以为企业新产品带来广泛而持续的关注，提供稳定的购买力；另一方面，社区是乐于提供创意的资深用户的聚集地，企业可在此与大量具备一定品牌忠诚度、了解企业产品现状并热心参与产品设计的用户进行深入交流，并改进产品生产过程，从而使得产品、企业具有更多的知名度和美誉度。通过营造良好共赢的用户—品牌—企业关系，使品牌深入人心，有助于品牌的传播和维护。

然而，需要注意的是，利用众包社区的模式来维护企业品牌形象时需要注意以下两个弊端。

（1）众包社区管理品牌的形式比较单一。目前的众包社区品牌管理主要以活动和答疑为主，包括以创意征集为主的竞赛活动、产品预热等，形式单一，缺乏互动性和趣味性。事实上，这种单一的众包社区管理形式很难长久吸引用户，也很难营造互动氛围。在产品周期结束后，社区也相应跟着沉寂下去，无法对品牌形象的传播形成持续影响。

（2）社区管理不到位，缺乏黏性。目前的众包社区管理往往缺乏良好的机制与氛围，很难吸引合适的用户参加。应该给大众提供适当的激励，让大众感到自己价值可以得到体现，自己的努力可以得到回报。此外，通过制度与激励措施，形成良好的社区互助氛围，也有利于品牌通过社会关系传播，"实现用户价值共创"，创造出品牌管理中的最大利润与效益。

三、市场调查中的众包视角

当企业的营销经理发现可利用的众包平台时，第一反应应该是借助平台降低的成本和平台拥有的大量公众用户来获取信息，进行营销研究，收集客户对企业的产品和服务的反馈。ISC-CX 简单任务（Simply Tasks）全球总监弗洛里安·威默（Florian Wimmer）对此有着比较好的解释，他认为："如今，几乎所有行业的公司都在使用众包，他们可以直接从实体店或在线商店以如此快速、轻松且相对低价格的方式进行市场调查。由于通过众包可以消除需要招募员工前往商店的费用和相关的差旅费用，公司仅为数据付费，而从中受益。与更复杂的客户服务检查（也称为'神秘购物'）不同，在神秘购物任务中，神秘购物评估员接受了强化培训并针对所有服务要素执行'详细'报告，而众包则是一种让真实零售消费者在他们每天购物的经验中快速给出具体反馈的简便方法。通过使用众包，企业客户不仅可以接收客观数据，还可以方便地向消费者征求主观意见，从而不断改善产品和客户服务。"

然而，在市场调查中应用众包模式应该注意一些问题，尤其是在使用封闭式问题然后进行定量分析的情况下，由于受访者因提供信息而获得报酬，这可能会带来调研结果是否受到付款影响的问题，如可能导致对公司产品或服务过于积极的看法。

案例阅读：破解"气味"这道难题？汰渍的众包营销传播新策[①]

"气味"是一个看不见摸不着的品牌元素，当品牌将"气味"作为品牌区分个性、传达品牌概念的一个重要信息时，如何将"气味"具象化，如何通过"气味"入手与消费者进行沟通，看起来是个难解的问题。汰渍则利用"众包"营销模式破解了"气味"这道难题。

首先，讲故事，建立共鸣。

汰渍主打香味的产品线于2013年8月推出"汰渍洁净果香"系列，该系列产品融合了四种热带水果的香味，旨在唤醒都市人的"阳光好心情"。与2012年主推的产品一样，该系列产品同样是作为注重实用性的日化产品，如何让消费者对情感层面的诉求产生认同成为品牌面对的挑战。汰渍认为此次主题与2012年推出的"小幸感"概念既有延续又有不同：延续指汰渍希望打动的是一群注重生活细节和品质、善于从平凡点滴中获取幸福感的女性；不同是指推出不同的香味系列以触及这些女性个性中的不同方面。如果说"洁净薰香"是想帮助"小幸感"女性化解都市生活中的压力，获得舒缓愉悦的感受，那么此次的"洁净果香"可以说是激发"小幸感"女性阳光向上、正能量的一面，让她们给自己和身边人带来阳光般的好心情。

明确了目标受众后就该站在她们的角度分析她们的心声。什么样的话题能让她们产生共鸣？经过调查，汰渍发现，即便最为乐观的女性，也会因为一些气味的细节导致幸福感的降低。例如，地铁里的早点味、办公区里飘散的烟味、蓝色星期一（Blue Monday）的阴影等，太多的细节能让她们有不良情绪。怎样用气味的方式获取好心情成为消费者的共同诉求，是品牌和消费者"讲故事"并引发情感共鸣的话题来源。

其次，营造悬念，众包参与。

基于这一消费者洞察，品牌认为"好心情，坏心情"这样每个人都感同身受，却又个性化十足的故事必须通过"大家讲给大家"的方式，才能使消费者与品牌

[①] 案例来源：http://www.socialbeta.com/articles/tide-crowd-source-video-campain-2013.html。

在最大程度上进行情感层面的沟通。因此品牌定下了"众包"为核心的营销方案，但众包的方案在执行上并不容易，需要制订周密的计划。在这方面操作过很多复杂营销活动的宝洁公司制订了循序渐进的计划，首先，借助线下活动制造悬念，发布新品，引发舆论关注；接着继续引发"什么动了你的'阳光好心情'"的思考，通过大量消费者对于气味的感触，引发了无数的神吐槽；最后再将网友们的"神吐槽"通过视频的形式串联起来，形成全国消费者共同出演视频的国内首部"穿在身上的视频"。

品牌在北京世贸天阶通过巨型太阳气球和水果乐园进行展示，以请网友竞猜的方式让消费者猜测"什么带来#阳光好心情#"，并成功成为微博热点话题。同时微博中讨论的两个话题，"一句话毁掉#阳光好心情#"和"一股味毁掉#阳光好心情#"不断升温。各位网友给出了他们心中的答案。@天才小熊猫等在微博中以搞笑见长的意见领袖也通过这个话题发布了他们心中的阳光味道。

从网友那里收集到的阳光味道并不只是一条条简单的微博，也是留待后续继续使用的重要素材。由于话题的巨大影响力，当活动现场进行产品揭秘时，再一次引起了微博讨论的热潮。汰渍洁净果香这一粉红色瓶子的新品迅速展现在全国网友眼前。

最后，众包视频，发布国内首部"穿在身上的视频"。

2012年为了打造"小幸感"这一生活方式，汰渍出品了同名微电影《小幸感》。借助明星和2012年的微电影热潮，《小幸感》在视频网站上线10天点击量突破千万，让汰渍洁净薰香成功进入"小幸感"人群的视野和生活。在2013年，怎样能再次通过视频这种有力的情感诉求工具快速让产品被大众熟知，对于汰渍亦是个大挑战。这一次与2012年正相反，汰渍没有用视频作为传播活动的开头，而是将其作为众包活动的收尾和总结。

一方面，在线下活动及微博上收集视频素材；另一方面，汰渍邀请漫画师将网友提出的阳光好心情故事画成了漫画，但这些漫画也不是独立存在的，而是下一步众包活动的引子——汰渍将漫画师画的漫画情节印到了T恤上。与以往其他品牌定制的T恤不同，这一组T恤每一件都是不同的图案，所有图案连贯起来最终组成了一部讲述"小二姐如何获得阳光好心情"的动画片。这个动画片中融合了之前微博中网友讨论的很多元素，包括什么事物能毁掉阳光好心情，什么味道能带来阳光好心情。随即这些T恤在官微@Tide小幸感中通过活动的方式向网友们征集穿着者。网友只要发布"带我去××感受阳光好心情吧！"就有可能得到这件具有故事性的T恤。同时，拿到T恤的网友们会在微博中晒出自己穿上T恤的照片。而神奇之处在于，他们不知道他们正在与一些明星一起主演国内首部"穿在身上的视频"。汏渍将他们的照片和明星穿着T恤的照片生成一组视频，连接T恤上的图案就形成了别具一格的动画片。而发布了照片的网友纷纷猜测哪一帧中出现了自己的形象。明星们也号召自己的粉丝竞猜自己出现在视频的哪一帧。

从网友共同参与创造视频内容，到网友共同主演视频内容，这样一个尝试，给予网友的是讲述自己故事的亲切感和亲身参与的兴奋感。众包的方式形成视频是这个视频活动最大的亮点，这也使得后续的推广从网友身上获得了自然的传播力。因此，即便后续没有对视频进行大力推广，其自行的传播长尾也是非常可观的。这部"穿在身上的视频"没有2012年微电影的凶猛势头，也没有催人泪下的感人情节，上线20天突破两千万点击量，令人不能不感叹众包的魅力。

从效果上看，众包的方式确实可以真正调动网友参与和互动的积极性。而气味这个看不见摸不着的元素也通过在一个个的小事例中发挥着举足轻重的作用，呼应了品牌与消费者之间进行情感层面交流的目的。"气味"和"众包"的结合最终取得了意想不到的效果。

第七章　众包与客户关系管理

理性消费时代的到来,提升了消费者的地位,基于此,客户关系管理(Customer Relationship Management,CRM)成为企业克敌制胜的法宝。传统的客户关系管理侧重于对客户与企业联系、接触及其关系的管理,但在经营过程中面对客户不断变化的需求却很难做到以客户为中心,而众包的广泛应用,对客户关系管理将会产生重大影响。

客户、与客户的关系和对关系的管理是 CRM 的三个基本要素。客户一直是企业的长期增长战略、市场营销和销售活动、产品创新与发展、劳动力与资源分配以及整体上盈利能力导向等诸多任务的中心和重心,客户资源是企业最重要的资源之一。优秀的客户关系管理的最终目标是实现客户满意度和忠诚度,积极的客户关系可以在一定程度上增强企业品牌和产品的吸引力,从而提升企业的盈利能力和获利空间。客户关系管理是以客户为导向,企业通过培养最终客户、分销商、合作伙伴对本企业及产品更积极的偏好,与客户建立、维持和增进相互之间的关系,以提高客户的满意度和忠诚度,留住他们并以此提升企业业绩的一种营销管理思想。其核心是把企业客户作为一种稀缺资源,通过完善的客户服务和深入的客户分析,获取有关客户的信息并将其转化为客户知识,为不同类型的客户提供满足个性化需要的产品和服务,提高客户的忠诚度,来维持客户的生命周期并实现客户的终身价值。在产品生命周期越来越短、目标消费群体越来越小的今天,良好的客户关系管理是提高企业核心竞争力的关键。

第一节　众包对客户关系管理的影响

众包本质上蕴含着"携手客户协同创新"的理念,模糊了员工和客户之间的界限。众包的出现,对客户关系管理产生了重大影响,具体表现在以下几个方面。

一、降低成本，增加收入

通过众包网络平台，可以建立健全客户关系管理系统，应用数据挖掘技术及时准确地捕捉市场信息和客户的潜在需求，企业收集客户的特殊喜好以指导企业进行生产和销售，在充分调动客户关注企业的积极性的同时创造更多客户价值。众包的"客户参与"的核心理念使企业与客户产生了高度的互动，客户角色发生转变，从旁观者和被动角色转换为主动者和接包方，客户定位更加清晰，客户价值更易体现，企业在留住老客户的同时，降低了开发新客户的成本，利于吸引和挖掘潜在客户。

二、拓展市场

众包平台是现代信息通信技术的佼佼者，企业可以通过众包平台，充分运用现代信息技术基础设施，提升自己的信息化技术水平，及时掌握客户的最新动态，在市场开拓、产品研发、产品改进、客户个性化需求定制方面比以往更贴合用户需求。客户需求被满足，客户满意度和忠诚度得到提升，从口碑传播的链路逻辑来看，客户忠诚势必会带来有效的口碑传播，有利于企业开发和占领新的市场。

三、模糊客户和员工边界

众包模糊了客户和员工之间的界限，延伸了创新边界，为企业向公众挖掘创意、开展创新提供了绝佳的通道。通过众包，企业可以将分散的公众变为企业可以利用的智力和劳动力资源，进一步提高了客户的满意度和忠诚度，成为提高客户关系管理水平的一种有效手段。

第二节 众包模式下客户关系管理创新升级

一、客户关系管理创新升级的必要性

CRM 的出现要求企业从以产品为中心的模式向以客户为中心的模式转移。也就是说，企业关注的焦点应从内部运作转移到客户关系上来，借助于具备客户智能的 CRM 系统，企业可以建立与客户之间的"学习关系"，即从与客户的接触中了解他们的姓名、通信地址、个人喜好及购买习惯等，并在此基础上进行"一对一"的个性化服务。这种根据不同的客户建立不同的联系，并根据其特点提供服务的概念，正是时下流行的 CRM 解决方案的核心思想之一。

但是，目前用于解决对客户及客户关系的管理而应用的 CRM 管理体系和软件仍然存在着诸多缺点，相应的客户关系管理制度不够完善，在实际应用中并没有起到应有的作用，反而影响了企业长期、健康、持续的发展。同时随着互联网技术的发展，客户可以选择的空间大大增加，客户需求的个性化、差异化特点越来越明显，以往将客户仅仅定义为消费群体的管理理念已不适应市场环境的变化。因此，有必要提升企业的客户关系管理体系。

众包的出现及迅猛发展，打破了时空的界限，极大地激发了公众的创新热情和参与意识，在一定程度上满足了客户的个性化需求。虽然众包与 CRM 的核心理念都是"以客户为中心"，但众包更强调客户的主动性创新行为，将众包模式应用于客户关系管理将转换客户的职能定位，会极大调动个体和群体的积极性，吸引更多的客户参与到产品和服务的研发和设计中，此时的客户不仅是产品和服务的消费者，更是产品和服务的设计者、制造者、宣传者等。

众包模式下的客户关系管理是将客户由消费者转变为企业经营活动的参与者和管理者，将客户日益个性化的需求同企业的实际生产相联系，通过建立客户信息数据库，运用信息化技术建立一对一的营销关系，在维持客户生命周期的同时，提高其满意度和忠诚度，最终实现客户价值和企业价值，这种从认识到方法上的提升也被称为众包 CRM 时代。

二、众包 CRM 的运行流程

众包 CRM 的运行流程如下。

首先，通过互联网众包平台发布产品信息或寻求解决企业研发难题的方法，吸引公众参与来获得大量的客户资源，以拓展新的市场和业务渠道；其次，通过公众评议和公司决策对创意被采纳的参与者给予奖励，同时根据接收的订单进行批量定向生产，提升研发能力，节约成本；再次，在产品的实际生产过程中，实行客户参与管理机制，对于客户提出的问题和建议，企业应作出积极回应，锁定客户满意度，整合客户价值和企业价值；最后，利用信息化技术建立完善的客户信息数据库，应用数据库和数据挖掘技术管理客户信息，把握客户的最新动态。产品的设计者同时也是终端消费者，企业可以通过定向物流模式节约成本，提高效率，最终实现产销合一。

众包 CRM 使企业能够全面观察其外部的客户资源，使企业的管理走向信息化，最终成为提高企业竞争优势和生存能力的有效手段。与现有的客户关系管理理念相比，众包 CRM 更具有竞争优势。企业的营销理念也会随着众包 CRM 的发展而发生改变，还会加速企业组织的变革和企业流程的重组。

案例阅读：甲骨文与众包 CRM[①]

甲骨文（Oracle）公司是全球最大的信息管理软件及服务供应商，成立于 1977 年，1989 年正式进入中国市场，成为第一家进入中国的世界软件巨头。客户关系管理软件市场是 Oracle 公司较晚进入的市场，但是不可否认，客户关系的确是 Oracle 公司中成长最快的一个项目，CRM 产品成了带动 Oracle 应用软件销售的主要动力。

Oracle CRM 的最大优势，在于能够与 Oracle 其他应用系统相集成，而且可以与第三方的全套 ERP 应用软件相集成，使企业在部署 CRM 时能够充分利用已有的投资，在一个系统中支持各种客户关系运作，能够把所有客户的互动过程紧密连接，允许企业用户跨越 Web、电子邮件、呼叫中心和现场销售等多种渠道把商业活动管理、销售部门自动化、服务应用与财务、人力资源、供应链管理、采购和制造等基本业务运作相连接，为企业提供全方位的客户视角。

Oracle CRM 有五个应用模块：CRM 销售应用软件、CRM 市场营销应用软件、CRM 客户服务和支持应用软件、CRM 交互中心应用软件、CRM 电子商务应用软件。这些模块能够帮助企业实现客户智能、与客户交流的统一渠道和基于互联网技术的应用体系结构战略这三大关键的客户关系管理战略。

Oracle 深刻地理解客户对于企业的重要作用，以及企业管理客户关系的紧迫性。面对众包时代的到来，Oracle 同样积极变革，致力于完善客户智能、与客户交流的统一渠道和基于互联网的客户管理体系结构等战略。Oracle 通过与产品创新管理应用程序开发商 Accept 建立新的合作伙伴关系，使企业能够将众包的力量添加到他们的客户关系管理软件中。通过将 Accept360 集成到 Oracle CRM On Demand 和合作伙伴关系管理（Partner Relationship Management，PRM）的 CRM On Demand 中，企业可以捕获来自任何来源的想法。Accept 首席执行官 Bryan Plug 认为，使用 Oracle 的许多客户拥有庞大的销售队伍，企业往往缺乏捕获来自销售团队、来自支持组织或来自客户的想法的动力。如果没有增加众包功能，

---

① 案例来源：http://www.socialbeta.com/articles/tide-crowd-source-video-campain-2013.html。

一个好主意就有可能在源头上枯萎，可能在送往相应部门的途中被误传，或者被拖延太久而变得毫无价值。

具体操作上，Accept 使用应用程序编程接口（API）将其 Ideation 模块集成到 Oracle 的 CRM 软件中，集成后，在 Oracle CRM On Demand 主页的 Ideas 选项卡下会出现四个小程序，这些小程序允许企业和客户从各种角度查看他们的产品创意和想法，客户产生的想法会自动与他们的 CRM 档案链接起来，销售代表和营销经理可以更好地看待这些想法，这些都有利于企业收集客户和合作伙伴对其产品的需求和对需求的反馈。通过众包，企业可以借 Oracle CRM 平台从营销活动或市场的社区获得及时的信息，并设定激励措施，包括奖金、礼品卡、奖品等金钱和非金钱利益。

第八章　众包供应链管理

第一节　认识众包供应链

一、众包供应链的概念

许多公司将创新视为一个内部过程，有些公司甚至将其视为一项秘密行动。但研究表明，50%的创意来自公司外部。所以，有谁比你的供应商和客户更适合问如何最好地创新你的产品和整体价值主张呢？许多供应商想要创新，创造更多的价值，创造一个双赢的局面，而不是传统的、固有的"供应商管理"的双赢关系，后者认为供应商只以最低的价格提供商品。

在"互联网+"背景下，众包供应链（Crowdsourcing Supply Chain，CSC）作为一种新型供应链正成为研究热点。众包供应链，根据黎继子等人的观点，是指供应链企业以"众包"为创新研发平台，通过悬赏和互联网络方式，将产品或服务研发设计要求在线发布，让公众群体，尤其是供应链上的合作伙伴自主参与，互联互通，形成对产品或服务的设计研发、采购、生产、销售和配送一体化运作，让消费者获得完美过程体验的管理模式。

二、众包供应链的特征

众包供应链与一般意义上供应链相比较，具有以下几个方面的特征。

（一）构建"互联网+创新"型供应链

众包供应链强调企业可以利用互联网的开放性和公众参与性，从产品的设计研发开始，贯穿产品生产物控、销售仓储环节，鼓励供应链合作伙伴和最终客户广泛积极参与其中，并不断优化产品及运作流程，强调信息在各个环节的共享。众包作为供应链的一个外部嵌入环节，需要信息交互，以保证供应链上下游最新信息向众包环节及时传递，如设计研发众包信息需要下游环节的评定和反馈实施，体现了开放、交互和广泛的特点。

（二）扁平化和效率化成为供应链运作新特征

相对于传统供应链的复杂和较长的环节，众包供应链的组织结构显得更为扁平化，扁平化带来上下游信息传递的及时性和便利性，增强了满足供应链上下游合作伙伴和最终目标消费者的个性化需求的能力。通过众包模式，企业能快速、完整地将众包获取的信息反馈到设计、生产、仓储、物流等环节，最终实现新产品的快速设计、生产和销售。众包供应链更突出供应链两端的环节，即供应链最上游的设计研发环节与供应链最下游环节的终端消费者个性化的需求匹配相一致。

（三）注重过程体验性

众包供应链将众包环节有机融入企业自身经营体系中，将以往大规模生产转向为关注个性化、长尾小众产品的柔性生产。强调个性化体验，特别是整个过程的体验，让企业的合作伙伴和消费者都能亲身感受和参与设计定制、精准销售配送等环节，增加上下游合作伙伴和最终消费者的"黏度"，以及对新产品的接受度，因为通过众包，他们已经从旁观者变成了参与者。

三、众包供应链的发展路径

众包供应链作为一种众包与供应链相耦合的新型供应链，存在如何进行选择和决策的问题。一般来说，都包含了战略层面、策略层面和运作层面的发展路径。

（一）战略层面

外部竞争环境是企业制订战略方向的重要依据，众包模式的应用同样要符合企业的战略发展和核心竞争力的提升趋向。因为一旦确认将众包纳入企业的供应链运作流程，就意味着要重塑供应链，传统的信息共享方式、产品设计模式、生产运营方式都会改变，企业要实现流程再造和流程优化。与此同时，在确认需要供应链升级为众包供应链的动机后，企业还需要结合自身产品的特点和要求，确保在创新态势不变的前提下，按照成本优先或速度优先的原则重构供应链流程。毕竟，这种层面的重构将影响企业整个供应链的组织结构、人员匹配及运作计划和协调。而且，不容忽视的是，在确定众包供应链类型的基础上，进一步考虑企业在供应链上的地位，供应链中位于不同链节企业的地位不同，也拥有不同的耦合策略，如制造商主导的运作模式、渠道商主导的运作模式、第三方（如众包平台方）主导的运作模式和联合运作模式等。

（二）策略层面

确定了供应链的众包战略后，就需要分析和讨论供应链企业众包方式和众包定价机制选择两个问题。

众包方式主要有竞争性众包和整合性众包两种，企业选择哪种方式的主要依据是自己产品的复杂程度和创新需求。竞争性众包也叫"唯一性众包"和"排他性众包"，指需求方要求的解决方案应该是最符合预期的那一个，不会多选。这一模式遵循"赢者通吃"原则，只有赢者才能获得报酬，而其他解决方案提供方则没有任何收益。整合性众包是一种非排他性众包，类似于宏任务众包，将宏任务分解为需要不同接包方完成的微任务，最终整合而成的综合解决方案。完成任务后，每个接包方都能按照一定比例获得报酬，如海尔通过整合性众包获得了19354种冰箱命名和12008种字体。相对于竞争性众包来说，整合性众包技术含量不太高，但是众包任务复杂，参与人员较多，评价标准复杂，整合难度较大。

此外，与众包方式密切联系的是众包定价机制，即众包双方通过何种方式完成交易，报酬如何认定，定价机制是否合适等，从一定程度上说，定价决定了众包的成败。前面讲过，定价机制存在三种方式（见第四章第二节）：需方定价、供方定价和供需双方协商定价。其中，需方定价是众包发包企业报价的一种交易方式，即众包企业向供应链合作伙伴和大众供给方开出报酬价格，此种定价方式适用于众包企业对项目需求非常明确，且对于项目所需技术和技能了解透彻，熟悉市场的情况；供方定价是指大众和供应链合作伙伴向供应链方开出报酬价格，这种定价机制主要适用于众包企业对于发包项目把握不大，技能需求不明确的情况；供需双方协商定价是指买卖双方通过协商达成报酬价格。不管哪一种定价方式，都应在公平和双方认可的基础上进行。

（三）运作层面

对于以成本优先为原则的众包供应链，产品创新主要基于局部创新，在众包设计创新的前期、中期和后期，供应链各环节企业，包括消费者、零售商、制造商和供应商均参与进来，对创新产品进行讨论，保证设计出来的产品既符合市场需求，又能最大限度地节约成本。而参与众包者中标后，得到发包方的激励，并进入下一轮众包循环；对于以速度优先为原则的众包供应链，要求产品创新速度快，供应链各环节企业就不可能全方位地介入。产品生产出来后，快速推向市场，能否成为流行产品，流行周期长短，均需要市场的检验。因此，敏捷型众包供应链更适合以扁平化组织结构进行组织管理，以快速响应市场变化。

第二节　众包供应链的结构路径和竞合策略

一、众包供应链的组织结构演化路径

"众包供应链"作为一种"互联网＋创新"下的新型供应链，其产生和发展遵循一定的发展路径。通过实践发现，众包供应链的组织结构演化经历了四个阶段：内部分化阶段、内部社区化阶段、外部开放化阶段和外部平台化阶段[1]。

（一）内部分化阶段

内部分化阶段是指众包任务由内部研发结构的人员在时间和精力允许的情况下，通过自愿和有额外报酬的情况下，在不影响正常工作的前提下接包。该阶段的发展主要由传统供应链的弊端所驱动，即传统供应链中，众包创新环节往往缺失，而专司创新研发的员工思维存在一定的固化。通过扩大企业内部员工参与范围，加强内部激励，可以重新焕发创新生机。

这种分化阶段存在显著的优势，即这些参与众包的人员，均对供应链所设计的产品品类较为熟悉，对设计研发的工艺、质量、功能、成本有较好的把控，所以设计出来的产品能很快适应供应链下游环节的运作。事实上，当代互联网企业中，很多都已经开始实现"内部赛马"机制，鼓励内部员工创新创业。当然，这种内部分化的劣势同样比较明显，归根结底，内部分化依然很难脱离企业文化和企业研发思维的桎梏，尤其是企业对于"不影响正常工作进程"的判断，很难有明确的标准，会给员工和管理层带来一定的职业范围困惑。小米的 MIUI 系统最初就是由内部极客员工孵化而成的。

---

[1] 观点主要源于黎继子等学者的论述，并由作者进行补充。

（二）内部社区化阶段

创新并不是企业内部的专属，尤其是针对供应链的创新，需要供应链上各个环节企业的积极参与，从上游的零部件生产商，到中间的产品制造商，再到批发零售商。由于供应链上下游企业对供应链所经营的产品都有着不同的功用，只有共同协作，才能把控个性化、定制化产品的运作流程。因此，众包供应链处于内部社区化阶段时，其结构已经开始从内部研发部门扩展到整个供应链各个内部环节。波音公司著名的787梦想客机的研发就是该模式的代表。

由于从内部研发部门扩展到供应链各个环节，在内部社区化阶段，众包参与人员的技术更强，知识结构和领域范围更广，人员之间的互补性更强，同时这些参与人员都是供应链内人员和员工，同样对供应链所经营的产品品类较为熟悉和了解。但是与内部分化阶段一样，内部社区化阶段同样需要更好的组织和协调，才能形成合力和整体优势，同时还需平衡好本职工作和众包额外工作之间的安排，避免产生本末倒置的情形。

（三）外部开放化阶段

从内部分化阶段发展到内部社区化阶段，创新可以说一直都是企业及其供应链内部的事务。由于前两个阶段都会存在智力资源禁锢，在面对市场定制化和个性化需求时，会出现力不从心的情况。互联网的便利性为通过网络来吸引海量在线设计人员参与供应链的研发提供了条件，使得传统供应链企业在不增加人员的基础上，通过借助于互联网外部研发力量来强化自身的开发设计能力，这就是外部开放化阶段。

在这个阶段，顾客也被鼓励参与到创新研发全过程中。顾客通过参与众包任务有了更好的体验，增加了最终顾客和潜在顾客的黏性。因为顾客能够充分表述和参与产品的研发和设计中来，并与供应链上下游其他各个环节企业人员充分沟通和互动，使得研发和创新更能贴近市场，更能被消费者尽快接受。该阶段众包供应链创新则表现为趋向外部化。国外企业"星巴克"就是这种模式的典范。

此时需要注意的是，参与众包设计的人员基数成倍放大，各种不同的创新和设计方案更多，更广，这时管理众包创新就显得较为复杂和重要。一方面需协调企业内部各项工作，同时更需要呵护外部众包参与力量的积极性，如果忽视外部众包者的参与热情，外部开放化阶段很容易被锁定回原来的内部社区化阶段，难以形成持续海量在线设计众包参与人员的智力支持。

（四）外部平台化阶段

随着众包供应链的发展，众包创新和设计环节的专业化程度不断增大，同时众包环节运行的复杂和管理难度也日益加深，如果仅依靠供应链企业自身力量，将会占用企业很多资源和时间，并且效果不一定很好。因此，需要有较为专业的第三方众包平台机构，以专业化的方式，高效组织管理，将众包企业和海量在线众包设计者进行对接，使得供应链企业从众包平台建立和自营的事务中解脱出来，如国内的"猪八戒"众包平台就是该阶段的雏形。

外部平台化阶段的发展超越了以往的任一阶段，甚至企业最初内部构建的众包平台也可能对外开放，这意味着传统供应链，不管是大企业还是中小微企业，都能通过借助外部众包平台（或内部平台外部化）进行众包研发和创新，使得传统供应链企业在进行众包研发创新时，其创新成本大幅度降低，同时效率得到极大的改善。不过，这种模式会给企业带来一定的风险，如过于依赖外部众包平台，缺乏与众包参与者直接沟通和交流的机会；数据存在泄漏的风险，对一些高机密项目可能会有较大影响，竞争对手也会从外部平台的众包任务推测出企业的战略发展方向等。

二、众包供应链的竞合策略

众包供应链由于涉及不同主体和企业，这些主体和企业在组织发展演化过程中，会表现出不同的竞合策略。

（一）内部"合—竞"双重策略

内部"合—竞"双重策略即众包供应链内部实行"先内部合作—后内部竞争"的双重策略。在众包供应链的内部分化阶段，往往存在合作型众包和竞争型众包两种策略。合作型众包策略是针对宏任务的众包分配方式，所有的众包接包方只承担宏任务的某一部分微任务，并通过共同合作来完成宏任务，最终形成集成的解决方案。竞争型众包策略则更多偏向于竞赛型众包任务，针对某一任务，需从众多的候选方案中选择出最优方案的策略。

内部合作和竞争双重策略通常存在于众包供应链的发展初期及内部分化阶段。在该阶段，由于内部自身研发系统具有相对的完整性，建制较为完整，可以对额外的研发任务整体统一完成，具有合作型众包的特点。另外，对于小型众包任务，每个个体人员也可进行竞争性创新研发。因此，在内部分化阶段，双重策略代表着众包创新具有较大的灵活性。当然,这种双重策略具有灵活性优势的同时,也会降低众包供应链的专业性,因为合作型众包需要参与合作众包的人员之间相互沟通合作,对参与众包人员的素质不苛求全面,只需每个参与人擅长某一领域;而竞争型众包则是参与众包的人员相互竞争,自行进行各自的开发和设计,对于竞争型众包参与者,则需具备较为全面的素质。但这种双重策略在众包供应链发展初期,具有灵活性是非常有必要的,它具有更好的适应性。这种双重策略,先以内部合作策略开始,然后过渡到内部竞争策略,最后发展到合作和竞争共存的局面。

（二）内部"合—竞"整合单一策略

由于涉及供应链各个环节,内部社区化阶段是基于"合—竞"整合的单一策略,即先从众包需求出发,由上游研发部门牵头,将初步设计好的众包创新方案,通过 Push 驱动经由下游供应商、制造商和批发零售商提出各自的观点和创新意见,然后反馈到上游研发部门,经过供应链各个环节的合作,不断优化和改进研发创新方案,直到该方案能满足消费者的个性化需求。在供应环节上,能保证模块化和敏捷化供应；在生产制造环节上,能保证质量和成本的控制；在批发零售环节上,能保证客户的良好体验和快速交付。

这种整合的单一策略的前提条件是,需要众包任务在下达后各个环节具有竞争性机制,同时也需要有互补机制促成相互之间的协作,供应链内部组织战略合作,使得在内部社区化阶段的众包供应链先天具有这种条件,故很容易形成基于"合—竞"整合单一策略。

（三）"外竞—内合"双重策略

先外部竞争后内部合作的策略,是在外部开放化阶段采用的策略。在引入了供应链外部海量在线的众包接包方之后,这些拥有不同知识、背景、技能的接包方更多是各自为战,众包供应链企业很难将这些接包人员整合起来。所以,在针对外部海量在线众包设计接包方时,众包供应链往往以竞争的方式来运作创新和设计。例如,通过竞赛的形式设定具体的目标,优中选优,最终选择一个最优的解决方案。

在对外部竞争性众包进行优胜劣汰之后,供应链企业才将最终供给方案通过内部整合性协作进行二次内部"合作型"众包改进。内部研发员工的合作型众包会基于内部员工对供应链的理解、流程的把握重新进行梳理,优化外部众包方案,使得方案更易被供应商、制造商和批发零售商执行。因此,可以说内部合作性众包是对外部竞争性众包的补充和完善，没有外部竞争性众包，就没有内部合作性众包的基础和前提。

（四）"外竞—外合"双重策略

众包供应链进入外部平台化阶段时，意味着众包发包和接包任务全部通过平台完成，此时，海量的在线众包用户在众包平台的组织管理下，其管理的范围和规模以及管理效率，远远大于传统供应链企业对众包运作的管理水平。如同在外部开放化阶段，外部平台化阶段的初期众包任务的创新设计均是从外部竞争性众包策略开始的。

随着众包平台企业对海量在线众包参与者管理的不断深入，以及互联网平台的便利性，让不同地域、不同知识背景的人，在不同时间段，如同在同一个组织单位一样，可以随时随地、没有任何障碍地合作和交流，这种合作性众包策略也慢慢成为众包供应链的运作主体模式。特别是，人们面临的设计产品的复杂性也越来越高，单个个体或单位组织很难单独承担，需要不同的单位将同一设计众包任务，分割为不同的任务再进行众包合作，这种合作众包在未来所占份额将越来越大。因此，可以说，在外部平台化阶段，"外竞—外合"双重策略是绝大多数众包供应链的优化，而且，顺序上，往往先外部竞争策略，后外部合作策略。

案例阅读：海尔众包供应链模式[1]

海尔集团创立于1984年，是全球领先的美好生活和数字化转型解决方案服务商。海尔始终以用户体验为中心，作为全球唯一物联网生态品牌连续4年蝉联"BrandZ 最具价值全球品牌100强"，连续13年稳居"欧睿国际全球大型家电零售量排行榜"第1名，2021年全球收入达3327亿元，品牌价值达4739.65亿元。

2013年伊始，海尔就开始专注打造基于众包的供应链开放平台，实现以满足大众和小众需求的"无尺度供应链"、以众包方式运作的"无边界企业"、以扁平化为特征的"无领导管理"的颠覆创新模式，采用按需设计、按需制造、按需配送、快速反应的精敏型众包模式。

一、海尔众包供应链设计创新和生产环节

在海尔众包供应链的设计创新环节，众包参与人有4类：海尔集团员工、海

---

[1] 案例参考黎继子等的研究成果和海尔 Hope 平台的说明，由作者重新整理并修订。

尔供应链企业成员、消费者和所有感兴趣的相关人员。其中，海尔"员工创客平台"是主要针对海尔员工的平台，在这一平台上，资源以人人创客为目标的自主创业孵化进行配置。另外，海尔为供应链成员企业和感兴趣参与者提供了两个开放平台和讨论社区："海立方"与"海极网"。海尔通过"海立方"提供孵化基金、制造资源和销售渠道，将平台上的项目发起者、供应商、分销商和用户资源整合起来，为行业各环节群体提供沟通交流、互通资源的机会；"海极网"是一个智能消费品讨论社区，通过公布一些人们感兴趣的话题，形成科学家、IT人才等极客广泛参与的开源社区，是海尔研发部门收集信息和消费者数据的平台，同时也为海尔汇聚了一大批"超级"用户。

依托"人单合一"的管理模式及"世界就是我的研发部"的开放创新理念，海尔在2009年搭建了海尔开放创新平台——HOPE（Haier Open Partnership Ecosystem）平台，HOPE平台经过多年的发展，目前已经成为海尔旗下独立的开放式创新服务平台。HOPE平台是一个创新者聚集的生态社区，一个庞大的资源网络，也是一个支持产品创新的一站式服务平台。

作为一站式创新服务平台，HOPE平台跟踪、分析和研究与产业发展密切相关的超前3~5年的技术，同时推进这些技术的产业化转化。

HOPE平台把技术、知识、创意的供方和需方聚集到一起，提供交互的场景和工具，促成创新产品的诞生。自成立以来，HOPE平台支持海尔各个产品的研发团队和超前研发团队创造了众多的颠覆性产品，如MSA控氧保鲜冰箱、水洗空调、天樽空调、NOCO传奇热水器、防干烧燃气灶等，受到消费者喜爱，在市场上迅速成为明星畅销产品。截至2020年底，HOPE平台服务的行业包括家电、能源、健康、日化、汽车、烟草、材料、智慧家居、生活家电等二十多个大的领域。

目前HOPE平台上聚集着高校、科研机构、大型公司、创业公司等群体，覆盖了100多个核心技术领域，社群专家超12万人，全球可触达资源达100多万。经过多年的探索，HOPE平台打造了相对成熟并具有中国特色开放式创新的众包模式，并沉淀了核心的方法论，在需求定义、资源评估、用户需求洞察等创新服务的关键节点取得突破，解决了创新成果转化的瓶颈问题。近几年，海尔的全球开放创新体系已经成功孵化出众多颠覆性的原创科技产品，如MSA控氧保鲜冰箱、干湿分储冰箱，还有不产生一氧化碳的燃气热水器等，这些产品一上市便深受用户喜爱，每年带给海尔市场端的增值大概有几十亿元。

海尔HOPE平台还孵化出HOPE创新社群，这是一个以家电产业技术需求为基础构建的在线技术交流平台。HOPE创新社群成员可以查看并参与平台发布的多类型的项目课题，参与HOPE平台举办的各类技术分享及对接活动。通过

HOPE平台匹配技术专家及合作伙伴，提升产品研发的效率。自HOPE创新社群成立之日起，就致力于从专家网络运营、技术资源库积累、智能匹配引擎开发三个维度构建核心能力。目前，社群已经覆盖3000多位技术领域的活跃专家，积累了超10000个优选技术供应商，累计注册专家超30000人。在"支持产品创新一站式服务体系"的目标指导下，HOPE创新社群努力构建基于技术社群平台的支持高并发、跨领域的标准化、平台化服务组合，从用户痛点洞察、技术/市场/竞品的专题分析，到解决创新问题的专家咨询服务、支持项目合作的技术资源匹配服务，再到多元化的HOPE直播间服务。

除此之外，海尔还是全球第一个实现大规模定制的中国制造企业，并率先建立起冰箱、空调、洗衣机等八大互联工厂，成为大规模定制的范本。同时，在此基础上，海尔又推出了全球唯一可实现用户终身价值的大规模定制解决方案平台COSMOPlat，第一次打破了过去以企业为中心的大规模制造模式，让用户全流程地参与到产品的研发、制造等环节中来，成为"产消者"。这样海尔成为垂直特设组组长，将以其自身实力为原点，以智能制造转型的成果为半径，在新一轮的工业竞争中实现大范围"圈地"。

二、海尔众包供应链销售环节

为了配合众包供应链创新平台，海尔积极让消费者等参与供应链全过程互动。早在2008年，海尔就开始试水"淘宝"销售平台，并与"淘宝聚划算"合作，由超过100万的淘宝用户进行网络投票，通过选择电视尺寸、边框、清晰度、能耗、色彩以及接口等6个定制模块选项，最终投票选出3款产品，海尔以团购的方式销售3款定制彩电，短短4小时内5000台彩电全部售罄。随后，海尔天猫官方旗舰店开设，并于2012年3月推出了15款定制产品，最终售出1万多台。海尔自营商城更是扮演着交互先锋的角色，如统帅电器会通过电商众包平台向用户征集有创意的设计想法或解决方案，一旦发现好点子，海尔会付费买下知识产权。这种众包方式既可大规模收集用户的个性化需求，又能构建"产销合一"的新型交互关系。目前，海尔在众包供应链销售环节与参与者互动，口碑效应逐渐显露，海尔天猫官方旗舰店3项DSR（动态评分）均领先于同行业平均值37%。目前，海尔已形成了自主经营（海尔商城）、平台型经营（淘宝系）以及采销型（京东、苏宁、国美等）的全网态势。通过与用户在销售环节的交互，倒逼产品设计、物流服务，与用户交互已成为一种常态战略，也成为海尔众包的一个重要环节。

三、海尔众包供应链物流配送环节

互联网的宗旨是用户体验至上，从用户被动接受产品到用户主动参与全流程体验，企业必须创造用户全流程最佳体验。物流配送作为众包供应链最后一环，也是消费者体验的重点环节。海尔的突出优势之一就是物流配送及服务能力。目前，家电等大件网购容易出现送不到、送到装不上等问题。海尔依托打造的"日日顺"物流服务平台，拥有9万多辆小微车，每年为2亿用户提供统一标准的高质量配送和安装服务。海尔"日日顺"物流服务平台能够实现全国2886个区县无缝覆盖，支持乡镇村送货上门、送装一体，货到付款城市约有1200个区县，1000多个区县24小时限时送达。相比其他电商，海尔电商的全国配送覆盖范围最广，货到付款覆盖范围最广，且全部送装一体化、免运费。

此外，由于家电行业物流送装一体流程较长，涉及网站客服、物流以及服务等多个业务部门，海尔推出了一项"全流程信息可视化"项目，无论用户从哪一个接触点找到海尔，海尔都能够迅速识别该用户的订单、物流配送、货品评价等信息，以此提升服务反馈速度。海尔还在青岛市尝试"满意后付款"服务，用户满意之后才付款。基于此，海尔正一步步将互联网众包定制化产品设计生产、交互销售、物流与服务网络等环节深度融合起来，打造一个全流程体验的众包供应链新模式。

第四部分　众包的应用、风险与未来

众包是一种特定的获取资源的模式，个人或组织可以通过众包市场，吸纳那些具备完成任务的技能并且愿意利用业余时间工作的网络用户，和企业一起创造或取得"共同利益"。因此，众包模式可以说帮助公众摆脱了供给地域和能力的限制，众包的用户基数大、效率高、可控成本低，成为诸多商业领域的重点融合技术之一。然而，任务完成质量、知识产权纠纷和不可控的边际成本都可能成为众包发展的阻碍。在强化场景应用性评估和管理水平后，众包未来可期。

第九章 众包蔓延与典型应用

众包起源于商业领域，因此在商业实践中形成了较多的众包应用，如组织可以利用大众完成一系列的任务，主要包括设计与研发（海尔 HOPE 平台）、测试与评估（如亚马逊、网飞）、内容创造（如 Threadless、抖音）以及问题解决（如 OpenIDEO、InnoCentive、Quora）。此外，近年来，商业领域不断出现众包应用新场景，如众包翻译（互联网大众翻译模式）等。

众包虽然出现在商业领域，但现在已经完全超出了商业领域，在其他领域也被广泛应用。例如，在计算机领域中，用户可以使用众包来完成数据采集、数据清洗、数据标注、质量评估等方面的一系列工作；在交通领域中，众包交通监测、众包行程规划、众包配送等模式为交通领域的发展注入了新的活力；在科研领域中，科研众包则聚集全球科研人员的智慧，协作进行科学研究，共同解决科研难题。综上所述不难发现，众包固然起源于商业领域，但在其他领域中已经呈现出蔓延态势，应用广泛，成绩亮眼。本章主要聚焦以下五种典型众包模式的应用。

第一节 科研众包

近年来，在科技进步和创新发展的驱动下，创新活动组织形态和范式正在朝着开放式创新和共生式创新的模式演化。开放科学使科学研究过程及方式发生了系统性变化，基于众包模式的群体参与及协作成为科研项目组织实施的新方式，越来越多的科技企业愿意借助高效率、低成本的外部力量解决技术难题、实现技术突破。

2020 年 10 月 29 日，党的十九届五中全会通过的《中共中央关于制定国民经济和社会发展第十四个五年规划和二〇三五年远景目标的建议》明确提出要深入推进科技体制改革，实行"揭榜挂帅"等制度。科研众包作为一种通过"揭榜比拼"的方式，面向社会公开征集方案解决技术创新需求的创新服务活动，有望成为破解创新资源难聚集、供需信息不匹配、服务资源难协同等成果转化难题的有效途径和手段，对于科技企业、高校、科研院所和服务机构都具有重要的现实意义。

科学期刊《自然》（Nature）曾经报道了两则"科研众包"的典型案例，一则是解决数学难题。2009年1月，英国剑桥大学的数学家蒂莫西·高尔斯（Timothy Gowers）在网络上开始了一项社会实验，即公开发布一条深奥的数学问题，鼓励公众提出自己的证明想法[1]。发布几个小时后，高尔斯的博客就开始了头脑风暴，两个月的时间累计收到了近1000条评论。经过分析，他发现答案就隐藏在评论中。在发表论文时，论文署名为D·H·J·博学者，是针对这一次头脑风暴的集体署名。后来，这次实验的成功促使"博学者项目"（Polymath Project）也获得成功，且拥有了自己的网络空间[2]。目前，该平台解决的最著名的项目包括标号为Polymath1、Polymath4、Polymath8的数学问题，国内著名的数学家陶哲轩曾对Polymath4作出了突出贡献并撰写了相应的论文[3]。

另外一列则是美国科学院院报PNAS发表的一篇名为 *RNA design rules from a massive open laboratory* 的文章，该文章由37000人参与，专业科研人员仅有10人。神奇的是，这个实验项目是通过一款名为EteRNA的游戏实现的。这款游戏可以让玩家远程执行真实的实验，去验证有关RNA分子折叠的理论预测。《科学》（Science）杂志还针对这项研究发表了新闻评述：这样的研究可能代表着未来的科学，众包公民科学家可以通过远程访问高仿真，甚至真实的实验室来实现云端科学。通过这种配合，科学家可以众包枯燥的实验，而将精力集中在不枯燥的部分[4]。

因此，将科研众包模式与开放科学平台进行融合，可以为开放科学环境下科研项目的组织实施和获得意想不到的突出成就带来契机。

一、科研众包的概念

科研众包（Scientific Crowdsourcing）是当代科学研究的一种新方式，通过

---

[1] 高尔斯的实验至今还可以在其官方博客上找到，https://gowers.wordpress.com/2009/01/27/is-massively-collaborative-mathematics-possible/。

[2] https://polymathprojects.org/。

[3] Tao,Terence;Croot,Ernest,Ⅲ;Helfgott,Harald(2012),"Deterministic methods to find primes",Mathematics of Computation, 81 (278):1233–1246,arXiv:1009.3956,doi:10.1090/S0025–5718–2011–02542–1,MR 2869058.From the Polymath4 project.Although the journal editors required the authors to use their real names,the arXiv version uses the Polymath pseudonym.

[4] Jeehyung Lee et al.2014.RNA design rules from a massive open laboratory.PNAS,（27 January 2014）。

互联网汇集网络大众智慧，以分布式协作的方式进行科研活动。科研众包共同完成科研和技术创新活动，一般由科研机构或科学家发起，以科学发现和解决科技挑战问题为目的，现已成为分布式环境下科研项目的协作组织的新途径。科研众包的概念根据专家学者研究角度的不同而有所差别，主要观点见表9-1。

表9-1 科研众包的概念

概念内涵	代表学者
通过互联网聚集全球科研人员的智慧，协作进行科学研究，解决科研难题的模式	张九庆，2015
以科学发现和解决科技面临的挑战问题为目的，从商业模式拓展为一种新型的科研合作模式	卫垌圻等，2015
利用互联网技术，通过政府引导企业、高校、科研院所等各类创新资源的参与，以众包形式组织管理政府科研项目	余全民，2016
有创新研发需求的主体借助互联网工具以对接更多的科技创新资源，共同围绕某个特定科研任务而进行协作式或竞争式攻关的过程	刘毅，2016
运用互联网技术和信息化手段，以"悬赏"的方式发动全社会力量针对技术创新需求进行科学研究和技术开发的开放式创新组织方式，是一种以需求引导创新、促进科技成果转化的新模式	吕云飞等，2021

二、科研众包项目运作模式与平台用户参与行为

（一）运作模式

和传统众包平台类似，科研众包参与主体包括发包方、接包方和科研众包平台。三方主体共同承载科研项目服务于科学研究，服务群体涉及高校、科研机构、高科技产业园、各种行业协会等。不同参与主体在科研众包项目中表现为不同的角色，承担着不同的任务。

第一，发包方为科研项目的提出者或发起者，主要为领域科学家或研究机构。其任务是提供项目背景，拟定项目的主要内容，并发起任务需求，对项目整体方向进行把控，引导参与者协同知识创新。

第二，接包方为科研项目的承接者或接收者，来自发包方的内部或外部，其科研背景和科研能力可能存在差异，通常需进行一定程度的资格审核。接包方参与到科研项目中，与发包方之间以任务进行双向选择。其任务包括但不局限于数据的收集、处理、分析等实验性阶段，更多的是进行自身隐性知识的显性化，协

同推进项目形成知识创新。

第三，科研众包平台为科研项目的支撑环境，是项目发包方和接包方的连接点，通常为第三方网络平台。平台主要任务包括审核用户知识背景，保障参与者能够理解项目，协调发包方与接包方，减少相互之间沟通交流的障碍，激励参与者协同创新，维持科研众包项目的正常运行。科研众包项目的核心运作模式如图 9-1 所示。

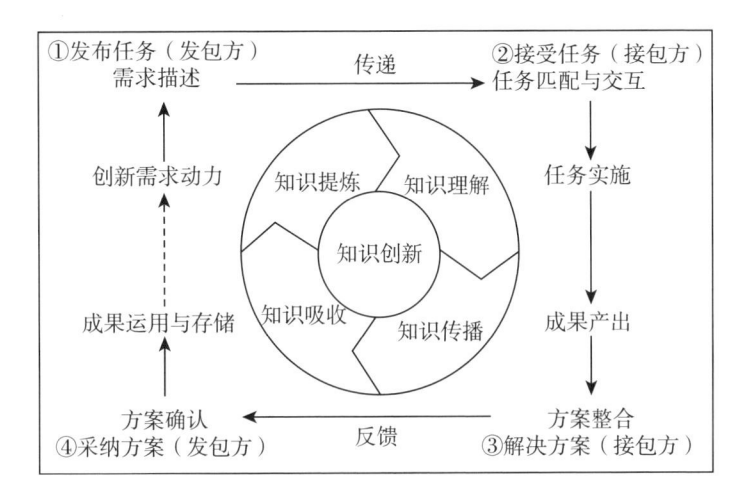

图 9-1 科研众包项目的核心运作模式（基于曹嘉君的研究）

科研项目任务的完成就是知识转移持续性反复循环的过程，知识转移的同时激发出知识的创新。

首先，发包方在发布任务阶段由创新需求动力推动，通过自身知识储备激发需求描述，形成项目需求文档。此时项目需求文档包含发包方的部分知识内容，但可能并不是完整的或系统性的，随后平台将发包方的项目需求传递给接包方。

其次，接包方在接受任务阶段，对需求文档理解后，以某种感知的形式将自身知识和能力与任务需求进行匹配并产生交互，接受任务并进行任务的具体实施。

再次，在提供解决方案阶段，接包方在任务实施过程中产生科研成果，将成果整合成任务所需方案，通过平台反馈给发包方。

最后，发包方采纳方案阶段，发包方将反馈回来的方案中的知识进一步吸收，将成果以文件或其他形式进行运用或存储，并转化为自身的知识。此外，科研众包过程中可能存在多次针对方案的修改与反馈，这里提出的以知识转移为核心的科研众包项目运行模型是一个循环递进的过程，在完成一个闭环后可能进一步产生创新需求动力。

（二）双边用户参与行为

科研众包是典型的双边行为，科研众包平台发包方数量的增加会加强科研众包平台接包方的效用；同样，接包方数量的增加会加强科研众包平台发包方的效用。平台需要想象客户在不同情况下的利润的来源，不断地研究行业和预期客户的需求来获得利润。在双边市场模式下，科技公共服务平台成功的关键是确保科技服务供需双方参与其中。因此，无论是从科研众包平台获利的角度还是从提高科研众包平台运行效率的角度，聚集科研众包平台对双边用户——发包方和接包方而言均具有重要意义。

1. 科研众包平台发包方的参与行为

科研众包的发包模式分为内包模式、自建平台模式及第三方平台模式三种。在这三种模式中，发包方分别承担不同的功能，扮演着不同的角色。因此，在对科研众包发包方的参与行为进行界定时，只是定义参加或者不参加科研众包活动过于简单。科研众包的发包方是科研众包活动的发起者，处于整个科研众包活动的起始端，对其行为的研究不应局限于参与或者不参与的选择，而应对科研众包发包方的多种参与行为进行界定。对应科研众包发包的三种模式，外加不参与科研众包这一选择，可以将科研众包发包方的参与行为划分为不参与科研众包、内包、以自建平台方式参与科研众包、参与第三方科研众包平台共四种方式。

2. 科研众包平台接包方的参与行为

在对现有的众包主体参与行为的研究中，参与行为均是指众包主体是否决定参与众包或是否会多次参与众包，即产生参与众包的持续性行为，总之只有参与与不参与的差别，而不存在参与方式的差别。因科研众包接包方对于科研众包活动的参与行为决策与此类似，无须对参与行为中的多种参与方式进行选择。

三、典型科研众包平台及功能分析

依据科研众包发展的成熟程度，下面选取国内外较为著名的科研众包平台作为案例，对其功能进行深入分析（表9-2）。可以看出，不同类型的科研众包平台具有不同的功能设置倾向。例如，科研实验仪器交换类平台（如ScienceExchange、易科学）主要功能包括仪器预约、资金管理等；基于志愿者的众包平台（如Zooniverse）主要功能侧重于志愿者的参与及培训管理；创新创意类众包平台（如InnoCentive）倾向于对用户及任务进行管理。通过对已有功能的归纳梳理，发现大多数的科研众包平台都包括用户管理和项目或任务管理两项基本功能。其中，用户管理功能模块涉及用户注册、用户培训、用户激励等内容；项目或任务管理功能主要包括任务创建、发布、任务分配等内容。但对于开放协作项目及公众科学项目而言，当前科研众包平台的功能略显不足，还需要进一步完善。

表 9-2　典型科研众包平台及其主要功能

平台名称	平台简介	主要功能
ScienceExchange	科学试验项目及器材的外包服务平台	R&D 服务在线存取（浏览、检索）、项目工作流管理、即时订购管理、资金管理等
InnoCentive	科学技术难题发布及解决的创新平台	用户管理（"求解者""解决者"）、"挑战"任务的在线存取、资源管理（研讨会、论文、案例）
Experiment	科研众筹平台	项目及 Lab Notes 的在线存取（项目、项目过程及结果的浏览及检索）
Zooniverse	志愿者参与的众包平台	项目在线存取（基于项目状态的浏览及检索）、用户管理（志愿者参与、培训）、用户交流讨论
易科学	科技服务交易平台	动态资讯、仪器预约、资金担保、数据管理、试验外包和分析测试
庖丁技术	技术服务众包平台	技术成果管理、需求管理等
海尔 Idealabs	创新生态系统和全流程创新交互社区	用户管理（合伙人社群）、资源管理、专家咨询等
开源众包	软件众包平台	项目在线存取（浏览、检索）、用户管理（"开发者"）、社区管理等
集采园	专项领域平台	高通量测序技术——宏基因组学分析
国家科技图书文献中心	科研数据资源平台	基于网络环境的科技文献信息资源服务机构，按照"统一采购、规范加工、联合上网、资源共享"的机制，采集、收藏和开发理、工、农、医各学科领域的科技文献资源，面向全国提供公益、普惠的科技文献信息服务

四、国内科研众包的未来与建议

（一）针对发包方的建议

影响科研主体科研众包参与行为的因素有多个，科研众包的发包方需对自身的科研众包参与行为作出正确选择。发包方需采取相应的激励措施，吸引更多接包方参与到科研众包中来，具体建议有以下两点。

（1）要优化众包平台选择模式。科技型企业在进行科研众包模式选择时，需关注不同模式之间的差异性，根据自身需要，从资源基础理论和交易成本理论两个角度对科研众包模式进行综合选择。例如，中小型科技企业在选择恰当的科研众包模式时，由于受到资金、技术等方面的限制，应该首选以参与第三方科研众包平台的方式参与科研众包。这是因为，中小型科技企业缺乏自建平台所必需的多方面能力，建立高质量的众包平台有一定难度。以参与第三方科研众包平台的方式参与科研众包，科研主体需要投入的成本较小且更可享受到丰富的科研资源。

（2）科研众包发包方应构建多层次的科研众包激励措施体系。在影响科研众包接包方参与行为的因素中，接包方会因为想要获得来自科研众包发包方的物质奖励以及发包方树立的良好企业形象的吸引而参与到科研众包中来。这就意味着，科研主体在发布任务时，标示的交易价格应该综合考虑任务的难度、需要耗费的时间、技术的独有性等。

（二）针对平台方的建议

一般情况下，科研众包平台需为科研众包发包方提供充足的科研资源、通畅的沟通渠道、行之有效的约束制度。因此，针对平台方的建议主要围绕以下几方面。

（1）科研众包发包方在进行科研众包参与行为的选择时会关注科研众包平台的资源获取能力，而科研众包接包方在进行科研众包参与行为的选择时会关注科研众包平台所能提供的科研众包信息质量，因此，科研众包平台方应确保科研众包平台能够满足科研众包发包方和接包方的要求。事实上，丰富的科研众包资源和高质量的科研众包信息之间会形成良性循环。丰富的科研众包资源会吸引更多的科研众包发包方到科研众包平台发布信息，从而提供更多的科研众包信息，而这些科研众包信息又会吸引新的科研众包接包方加入，以丰富科研众包资源。

（2）充实有价值的众包信息。科研众包平台是典型的双边平台，科研众包发包方的广泛参与有助于科研众包接包方效用的提高；同样，大量科研众包接包方的参与将有利于科研众包发包方效用的提高。对于科研众包接包方而言，如果平台方可以吸引足够多的发包方，或与发布有价值的科研众包信息的发包方进行合作，将大大有助于吸引科研众包接包方的加入。

（3）完善有效的沟通渠道。平台交互能力是科研众包平台所应具备的重要能力之一。但是，第三方平台方式作为最重要的科研众包参与方式，与其他的科研众包方式相比，发包方和接包方之间的交流需经过第三方科研众包平台，层次容易对接，但发包双方交流易形成阻碍。因此，应避免第三方平台成为接包/发包双方之间交流的障碍。这就要求平台方在做好保密工作的前提下，能够为接包/发包双方提供交流空间。例如，InnoCentive 会为科研众包的接包/发包双方创建便于双方沟通的黑箱。但是，在中国很多第三方的科研众包网站中，接包/发包双方只能通过提交需求、发布需求的方式与对方进行交流，这一方式严重阻碍了双方之间交流的流畅性。

（4）构建科学的约束制度。科研众包平台的顺利运行需要合理、高效的制度作为保障，科研众包发包方参与行为影响因素中的制度控制程度，科研众包接包方参与行为影响因素中的促成因素都对此提出了要求。科研众包平台应在任务描述、纠纷处理、服务增值等多个环节建立制度，并按技术领域、研发难度和阶段、悬赏金额等方面构建多层次科研众包平台体系。众包平台方应完善诚信评价、平台准入、作品评价、利益分配等各项机制。平台方需通过这些机制在合作开始前保证接包/发包方信息对称、契约完备、合作过程中对接包/发包方的道德风险行为进行约束，合作结束时保证知识产权的顺利交接。另外，还应针对不同知识特性制订相应政策，对知识交易时机、企业透露的资料、知识编码化等行为进行合理的规定和处理。

（三）政府规制

良好的法律和政策环境是科研众包发包方和接包方积极参与相关活动的重要条件，政府应为科研众包提供有助于其发展的政策和法律环境。基于此，提出如下三点建议。

（1）促进更多众包平台发展。科技型中小企业是技术创新的主力。然而，科技型中小企业在发展过程中存在融资难、技术创新能力低等问题，这些问题成为阻碍科技型中小企业发展的瓶颈。参与第三方科研众包平台是当外界存在较为完善的第三方平台时，对科研主体要求较低并且成本较小的一种科研众包参与行为，适合科研型中小企业。因此，政府需引导或投资建立更多第三方科研众包平台，为科技型中小企业通过科研众包的方式获取更多创新资源提供便利。目前，已有一些省（自治区、直辖市）意识到政府在推进科研众包发展中应起的作用。例如，2017 年 1 月，广东省科学技术厅确定"庖丁技术"等 14 家平台为省级科研众包培育平台，并给予这些平台一系列政策等方面的支持。然而，目前第三方科研众包平台仍然呈现出数量较少、参与度较低、平台众包任务较单一等问题。因此，各级政府应为第三方科研众包平台的发展提供相应的政策保障，完善科研创新众包平台体系。

（2）完善政策支持体系。政府制定科研众包的相关政策有助于引导更多的社会力量支持科研众包或从政策的角度保障科研众包相关人员的利益进而促进科研众包发展。一方面，政府政策具有引导作用，使各类科研众包平台有序建设，支撑有条件的平台做大做强，建立科研众包平台公信力和后续增值服务能力，增强发包方和接包方的信任和参与度；另一方面，政府政策具有为科研众包发展提供有利条件的作用。政府部门要重视和深入了解科研众包的特点和重要性，协同制定一系列有利于激发社会大众科研众包参与积极性的政策。例如，科研众包接包方存在较强的组织依托性，因此，如果研究机构承认研究人员在科研众包平台上的经历，并纳入制定相应的考核机制，科研组织中的成员将有更强的参与积极性。

（3）强化法律规范监督。科研众包作为科研领域的新生事物，法律对该领域的及时规范有助于保障该领域的健康发展。一方面，由于科研众包与互联网关系密切，目前科研众包只能参照互联网相关的法规，但与一般的商业商品不同，科研项目具有一定的特殊性，一些法规并不完全适用于科研众包；另一方面，科研众包以互联网为基础，实现了跨领域、跨行业、跨界科技活动合作，缺乏统一的政策法规支撑平台的建设和发展。因此，政府应进一步完善相关法律法规，强化众包方案中对于排他性使用的监督，通过相关法律工作者对众包中信用及风险进行管理与研究，为科研众包模式的发展提供坚实保障。

扩展学习：科研众包平台 InnoCentive[①]

InnoCentive，成立于 2001 年，由美国制药企业礼来公司的 3 名科学家筹备建立，名称取自 innovation（创新）与 incentive（激励）两词。依托平台背后强大的专业资源和合作伙伴，现在 InnoCentive 已经成为由数百万科研精英参与的全球性网络平台，围绕平台建立的社区、工作室、竞赛活动等比比皆是，在充分利用社会科研能力的基础上，还有效帮助企业规避了很大一部分独立研发风险，是全球第一家旨在利用先进技术和网络将难题与其潜在"解决者"相连接的虚拟咨询企业。经过 20 余年的发展，InnoCentive 已经成为享誉世界的创新服务中介中心。

InnoCentive 是创新众包服务和奖励竞争领域的开拓者，让公司和组织通过获得包括客户、合作伙伴、世界最大的问题处理市场等在内的多样化资源，来解决他们的核心问题。InnoCentive 公司值得信赖的是基于挑战的创新方法，由数百万问题解决方案提供者组成的网络和基于云技术的平台，可以通过一系列的解

[①] 2020 年，成立于 2011 年的 Wazoku 创新公司收购了 InnoCentive 公司。

决方案供应和可持续的开放创新项目的开发等方式从根本上转变创新，研究和发展经济学。政府部门、非营利组织和商业企业，如博思艾伦咨询公司、礼来公司、生命科技公司、美国航空航天局、自然出版集团、流行科学杂志、宝洁公司、罗氏公司、洛克菲勒基金会和经济学家等，都在与InnoCentive公司展开合作以更快的速度和更低的成本解决问题，降低风险。

一、InnoCentive的运营模式

InnoCentive利用网络智囊团的形式来寻求解决企业在研发过程中遇到的难题，倡导"开放式创新"商业模式和"与顾客一起创造独特未来"的全新管理理念。InnoCentive公司，是全球第一家以激励为基础促进全球性科学研究的电子商务公司，它主要通过互联网悬赏寻求科研解决方案。在网站上，全球领先公司（寻求者）可以提出其所需解决的科学挑战，而在网站上注册的世界各地的科学家（解决者）可以为这些科学挑战提供答案并有机会赢得奖金。实际上，该网站在全球的"聪明大脑"和大公司的研发部门之间架起了一座直接沟通的桥梁，对科学家和企业来说都有好处。

（一）科研公司：答案寻求者（Seekers）

InnoCentive让科研公司签约成为"答案寻求者"，在一个保密的互联网信息交流平台上张贴挑战，其中每项挑战都包括详细说明和相关要求、截止日期，以及为最佳解决方案提供的奖金金额，而张贴挑战的"答案寻求者"公司的名称及相关信息将得到完全保密。在收到答案之后，"答案寻求者"公司审阅递交的解决方案，并且只把奖金颁发给最符合其要求和被其公司视为最好的解决方案。目前，美国礼来、宝洁、道氏化学等全球研发领先者经常在网站上张贴各种挑战，挑战涉及化学、生物学、生物化学和材料科学等多个学科，涵盖制药、生物科技、农业综合、消费产品、塑料/聚合物、食品/调味品/香料、基础化学品、多样化化学品、石油化学制品、特殊化学品等行业。

（二）科学家：任务接包方——解决者（Solvers）

世界各地的科学家都有资格在该网站注册为"解决者"。解决者可访问和评估挑战，并且通过安全网络递交程序解决方案。现在，来自全世界170多个国家和地区的科学家在InnoCentive上注册为"解决者"。他们可以接触符合自己兴趣和专长的重大研发问题；有机会解决世界级研发课题的智力挑战，使自己的才智得到公认。在着手研究挑战之前，解决者必须接受《解决者协议》中的各项条款，包括解决方案审阅期限、保密规定和获奖解决方案的知识产权转让。当然，提供成功的解决方案还可以换来丰厚的奖金回报。奖金额从5000美元到10万美元不

等。所有获奖者的名单和个人简历也都在网站上公开发布。

（三）InnoCentive：桥梁，规则执行者

作为两者的桥梁，InnoCentive 的科技团队同时也负责回答"解决者"在回答问题过程中可能遇到并提出的任何问题，并将递交的所有符合标准的解决方案呈递给"答案寻求者"公司。据 InnoCentive 首席执行官达伦 J·卡洛尔（Darren J.Carroll）介绍，该公司的雇员主要是各业务领域的不同学科专家，他们的主要工作是帮助科研公司（答案寻求者）分析其所面临的难题并准确描述该挑战，以吸引更多科学家（解决者）的关注。卡洛尔建议科研公司采取开放式创新模式将亟待解决的问题放到一个更为广泛的新群体中，而并非只是局限在公司的科研人员以及关联组织中寻找答案。

二、InnoCentive 的成效与案例

截至 2022 年，已经有近 40 万人注册成为 InnoCentive 的"解决者"，其中 60% 以上拥有硕士及以上学位，是各自领域的专业人士。同时有超过 2000 项挑战在网站上获得了超过 16 万项次的解决方案，并且已经分发出超过 2000 万美元的奖金，成功率超过 80%。

InnoCentive 与自然出版集团、《科学美国人》杂志社建立了战略合作伙伴关系，从而能够邀请这两个平台上的文章作者参与其中，人数已经超过 1300 万人。InnoCentive 的收入来源有三种，其中"答案寻求者"要支付挑战的张贴费和服务费（约 2000 美元），如在挑战过程中需要 InnoCentive 提供额外服务，服务费会另外收取。除非有咨询或培训的需求，InnoCentive 不再向"答案寻求者"收取任何费用。如果"解决者"的方案被"答案寻求者"所采纳，InnoCentive 还会按照固定比例收取悬赏费用。

在保护知识产权方面，"解决者"在参加挑战之前，需要与 InnoCentive 签订《解决者协议》，然后才能获知包括奖金设置、方案提交时间、审评时间、解决方案要求等具体信息，同时还需签订保密协议与知识产权转让协议，从而确保"答案寻求者"的机密信息不被泄露。在解决方案被提交后，需要获得"解决者"的短期授权，用于对提交解决方案的评估。如果方案被选中，"解决者"将获得奖金，并将知识产权转移给"答案寻求者"；如果没有被选中，则将知识产权返回。通过严格的知识产权保护措施，InnoCentive 的知识产权转移成功率超过 99%。

2004 年 2 月 17 日，InnoCentive 公司与中国国家自然科学基金委员会（NSFC）国际交流中心签订长期友好合作协议，在中国建立了科学难题发布与解决的网络平台。InnoCentive 公司提供在线科学论坛平台，各大公司和机构以匿

名的形式提出生化、材料及跨越多种学科领域的不同科学难题。科学家们对这些问题提出解决方案并获得奖励。NSFC是管理我国自然科学基金的事业单位，用于资助自然科学基础研究及部分应用研究。

InnoCentive 的创始人兼主席阿尔菲斯·宾哈姆（Alpheus Bingham）和阿里·侯赛因（Ali Hussein）在中国与清华大学签署协议，签署这项新协议之后，InnoCentive 与中国的11所重点科研大学建立了伙伴关系，向大学生、科研人员和教授提供获得承认和奖金的机会，帮助 InnoCentive 公司解决网站上张贴的科研问题。宾哈姆说："从一开始，InnoCentive 就高度重视促进与中国重点大学的关系，因为世界上许多最重要的科技创新是中国科学家的成果。我们正在打破有形的障碍，与大学和教育机构建立联盟。与清华大学签署的协议将为中国的一流科研人员和科学家提供一个理想的平台，帮助解决全球性公司张贴的复杂科学问题。"

作为 InnoCentive 的继任者和母公司平台，Wazoku Crowd 秉承 InnoCentive 的梦想，设定了更加宏伟的目标，即到2025年为10亿人改变工作的环境。

第二节　医疗众包

随着互联网技术的快速发展和普及，越来越多与医疗领域相关的互动平台、网络课程和虚拟学习社区等进入人们的视野。医疗众包模式是近些年在以美国为主的国外卫生机构兴起的互联网模式。作为一种新的辅助医疗手段，医疗众包模式从根本上改变了人与人之间建立社群和分享医学资讯的方式，显示出很强的应用优势。医生可以利用众包平台获得有用的信息，能够更深入、全面地进行医疗策略的讨论；患者也可以积极地在众包平台上搜索相关服务，参与制订自己的医疗护理方案，并可为医院医疗服务的质量进行评分。事实上，来源于医疗众包平台的反馈不仅在解决医学问题方面极为快速，而且具备了较高的专业性，因此，医疗众包模式的建立与发展日益受到医疗行业工作者的重视。

一、众包模式在国外医疗行业的应用及特点

美国的医疗众包模式起步较早，但是这种新型医疗模式已经成为不断发展的健康社交网络，目前已涌现出 Suggestic、CrowdMed、uBiome 等众多医疗众包模式的公司。医疗众包正在成为公共健康生态系统的一部分，是传统临床医疗方式的有益补充和延伸。大规模的众包数据不仅促进了下一代人对疾病和药物反应的

认识，还使得最新医学发现能够被快速测试和应用于临床。同时，医疗众包模式也将医疗领域从传统的大众化疾病治疗方式延展到加强个体化的预防方式，是大众健康研究的有益补充，也成为传统临床医疗工作的延伸。

（一）促进医疗难题的及时有效解决

不少复杂疾病的患者，在得到正确的诊断治疗之前，要花费大量的时间和精力奔波于各个医院，这不仅容易耽误最佳治疗时机，甚至还会因为误诊而引发医疗事故。目前，选择医疗众包的方式来解决医疗难题越来越被国外民众所接受。例如，美国的 CrowdMed 公司建立了在线患者交流平台，它利用"悬赏"的形式帮助尚未被有效诊断的患者筛选诊断意见，解决疑难杂症的诊治。超过 80% 的临床医生认为，医疗众包模式对特殊病例的诊断和护理有帮助。还有研究表明，在采用医疗众包服务后，患者的医院访问频率和医疗费用显著降低。医疗众包模式顺应了疾病研究的跨领域趋势，能够让多个领域、多个层次的研究人员（包括一线医护人员、学者、有相似疾病的患者等）参与，为患者解释医疗决策的制定依据和咨询相关处方药物的使用，帮助患者作出更明智的健康护理决定。

（二）提高公众健康意识，降低疾病风险和管理慢性疾病

随着现代社会医学知识的普及，公众更为积极地关注自身的健康问题。并非只有患者才积极咨询医疗意见，关心个体健康的正常人群、患者家属等对医疗资源也有旺盛的需求。例如，以往不被重视的空气污染问题现在得到了越来越多的关注，空气质量指数、细颗粒物（PM2.5）数据等近几年来已在各国官方媒体上发布。

医疗众包模式的应用还可以筛查或确定哪些人是某类疾病的易感人群，使他们尽早接受预防性保健方案，降低发生疾病的风险或疾病的严重程度。对于进行个人或家庭健康咨询服务，医疗众包模式比传统的医院医疗更具优势。

医疗众包在慢性病管理方面拥有无与伦比的优势，因为诸多慢性病患者都可以成为你的病友和解决方案提供方。例如，用户下载 Suggestic App 即可获得关于糖尿病的基本膳食和锻炼的建议，并可按用户要求增加个性化的服务。医学具有很强的专业性，当大众面对陌生的医疗领域，往往无所适从，不知道该怎样才能选择到最佳的医疗服务。医疗众包模式通过互联网，可简化医疗流程，满足各个层面人群的医疗需求，更有助于分级诊疗的推进。

（三）成为医生间的交流平台

有很多不被研究机构所重视的临床症状可以通过医疗众包平台得以揭示和整理，为药物的研究提供前期方向。例如，医生将自己的治疗工作、用药体会等上传到众包平台，通过医生间的相互交流，就可能成为疾病研究的突破点，并节约了该类疾病的诊断时间和药物研发成本。传统医疗过程中，一个医生只能同时面对一个患者；而利用众包平台，医生可以获得大数据，因此能够更深入全面地进行医疗策略的讨论，并利用它建立未来职业发展规划。

（四）帮助生成大数据

由于个人力量有限，大众医学数据的收集和整理对个人来说费时费力。设定规范的提交方式后，数量庞大且多样化的大众群体能够方便地加入医疗众包平台，为平台提供丰富的资料和解决方案。通过医疗众包平台，不仅能够共享大量与医疗相关的实时数据，而且可以极为容易地为临床试验直接选取被试者。因此，医疗众包模式下所收集的各类资料对医学研究和临床试验人员来说无异于是有待挖掘的宝藏。

尽管如此，要真正使得医疗众包模式成为临床医疗行为有效的辅助工具，必须解决它存在的一些问题。例如，虽然众包平台的大数据能够汇总、融合必要的信息，但其准确性依然有待提高。另外，个人信息暴露于众包平台是否有悖伦理道德，目前仍存在争议。

二、众包模式在我国医疗市场中应用的思考

传统的医疗模式注重临床治疗阶段，而对疾病的预防、入院前的观察、出院后的疗养的关注都较为不足。医疗众包模式则是一种新兴的辅助医疗手段，能为患者在预防疾病、事前预先诊疗和事后保健康复等方面提供咨询服务，甚至可以通过众包注册医生为患者提供性价比最佳的治疗方案。

在我国，已出现"春雨医生"这类医疗众包机构，它的业务定位在于：利用移动互联网技术实现医生与患者随时随地的远程交流，为患者及时给出健康管理方案和治疗建议。例如，在"春雨医生"平台，当用户提交问题后，平台医生会很快回复，并进行相关症状的详细问诊，而且在问诊页面用户还可以查看类似的问题。相较于去医院进行挂号、排队、候诊等费时费力的流程，医疗众包平台用户的体验就相对较好。根据"春雨医生"提供的数据，截至2020年8月，平台

共聚集中国真实医院执业医生超过 63 万人，覆盖全科室；累计注册用户逾 1.3 亿人；日咨询量峰值超过 30 万次。

对于国内新出现的医疗众包模式，不可避免地将面临一些问题。例如，传统医疗行业对其医疗严肃性和科学性的质疑；平台上的优质医生资源比例较少；对大众而言，医疗众包模式还是新鲜事物，多数人对其作用还并不了解等。在现阶段我国国情下，如何正确引导医疗众包模式在医疗行业的长期稳健发展，是目前亟待解决的问题。

（一）开展医疗众包模式的宣传和普及

随着医学水平的进步和医疗环境的改善，国内大众也越来越关注自己的健康状况。国内医疗资源的短缺使得人们开始求助于网络。由于网络上的医疗卫生信息五花八门，质量参差不齐，往往使人们无法作出正确的选择，研究人员甚至已经发现存在"网络疑病症"的恶性循环。这类人群通过媒体信息感觉自己的症状符合某类疾病，于是开始无端怀疑自身健康问题，再进一步通过在线医疗信息来求医问药。

对同一种疾病而言，当医疗服务提供方采用不同的医疗护理方法时，医疗效果和医疗成本上会出现较大差异。医疗众包模式作为一种新兴的网络医疗模式，能够全面分析患者的各项数据，比较多种干预措施的有效性，找到最佳治疗途径，费用成本也较少，是满足个性化医疗的重要方式。而我国医疗卫生机构对医疗众包模式的开发才刚刚开始，知道这种医疗模式的人还不多。因此，要合理构建和使用医疗众包平台，针对人们关注的医疗热点问题开展医疗众包模式的宣传和普及，使其充分发挥辅助医疗的作用。

（二）树立资源共享理念

随着社会的不断进步，大众素质也不断得到提高，开放共享的网络平台不断涌现。医疗工作是以防治疾病为目的，是人类的健康事业。因此，卫生机构人员发挥群体智慧，加强相互间的沟通是非常必要的。如果在医疗行为中，只强调本部门的利益，往往只会导致利益的短期化，难以长久地发展。研究表明，参与者存在免费提供信息与他人共享的种种动力，包括通过参与能够提升技能、满足兴趣爱好、享受参与创新的快乐和获得成就感等。信息共享是医疗众包平台的最基本的职能，研究者可以自己选择信息公开的范围和力度。只有自身先做到了资源共享，才能聚集更多的研究者参与到平台的建设中来。

（三）提高医疗众包平台的公信度

医疗卫生机构出于自身利益的考虑，往往并不愿意让员工将多余的精力花在众包平台上。国外一些众包平台是私立的营利性机构，在这些众包平台的网页中，往往包含着不完整、不准确的信息，甚至没有具体的建议而只是通过夸大的宣传语诱导大众进行医疗消费。用于医疗众包平台的医学知识首先要保证准确无误，还要有一定的公信度作为支撑基础。因此，在众包平台建立的初始阶段，可以考虑由政府资助或由卫生机构承办的方式进行。这样，医疗众包平台既可以有充足的经费支持，又容易被大众所信任和接受。众包平台在医生的选择上必须严格把关，以保证患者的问诊质量。在选择医疗众包模式时，患者也应根据想达到的治疗目标，有针对性地选择相匹配的医疗众包平台。

尽管医疗众包模式和传统医疗行业的结合还处于初期阶段，现有的证据已表明，医疗众包模式可以有效弥补目前我国医疗资源的短缺，极大提高医疗服务的质量和范围，给患者带来更好的医疗体验。作为一个全新的研究课题，医疗工作者应该针对医疗众包模式的特点，并结合我国目前的医疗实际状况，选择最佳参与方式和合适的众包平台，充分发挥其医疗辅助的作用。

扩展学习：医学众包平台 CrowdMed[①]

在大部分人的认知里，看病实在是一件费神费力的事。对于许多疑难杂症患者及慢性病患者来说，花钱、耗时倒是其次，往往是在看过无数医生、做过各项检查、支出大量医药费、试过多种治疗方案之后病情仍然不见起色，有时甚至连一个准确的诊断结果都无法获知。于是只有日复一日、年复一年地与"不知名"的疾病为伴，生活质量也为此受到严重影响。

贾里德·海曼（Jared Heyman）是 CrowdMed 的创始人，他的妹妹曾患上一种疑难杂症，耗时三年才最终得到确诊，整个过程不仅时间长，而且费用惊人：前前后后共有将近二十位医生参与，花费数十万元。她的这段经历让海曼看到了现行医疗体制的不足之处："大多数患者获得的医疗诊断往往是很单一的，一位医生单独对一位患者作出诊断，然后这个过程就结束了，患者听不到来自其他专业人士的意见。"在创立 CrowdMed 之前，海曼曾创办过两家公司。他从以往的市场调研经验当中总结出一点：倘若以适当的方式集聚众人的智慧并加以合理利用，其力量和效果往往大过单独的一位专家，即使这位专家在其领域内是首屈一

[①] 案例信息来源于 CrowdMed 官网并由作者进行修订。

指的。正是这样的理念让海曼产生了将"众包"模式引入医疗行业的想法，并最终创建了 CrowdMed。

CrowdMed 成立于 2012 年，公司位于旧金山，是入围 YC2013 年冬季训练营的 46 家初创公司之一。公司曾在 2012 年的创立阶段随机抽选了 300 个人参与网站测试，其公开测试版的正式发布则是 2013 年在华盛顿举办的 TedMed 大会上。CrowdMed 提供定制的、全面的医疗服务,他们通过网络集结一批"医学侦探"——通常是退休医生、护士、医学专业学生、研究人员和曾罹患疾病但痊愈的群体。侦探们利用自己的专业知识，向患者提供他们所需要的信息，以达到简化医护工作流程的效果，同时为那些难以确诊的疑难杂症患者及慢性病患者制定解决方案。

虽然采用"科技驱动＋群众智慧驱动"的模式，不过综合来看，CrowdMed 仍是一家科技公司，最终提供给患者的解决方案是集体智慧的产物，但其背后需要有精准且复杂的技术做支撑。公司有两项美国颁发的专利，为开发核心技术投入了数百万美元和大量人力及时间，所以在技术这一块对于 CrowdMed 来说仍是核心部分。另外，值得一提的是，CrowdMed 的故事被阿敏·阿扎姆（Amin Azzam）博士选入了他在加州大学伯克利分校及加州大学洛杉矶分校的"联合医疗项目"下开设的课程，作为典型案例供学生进行学习研究。

总体来说，CrowdMed 的运作流程是这样的：患者登录网站，注册，填写问卷，然后提交病例，并上传以往的诊断和化验及各项检查的结果。有的患者甚至会上传完整的病历。之后网站会自动对上述资料做前期处理和准备，然后生成病例。这一步骤完成之后，CrowdMed 会有一套精准科学的程序，可以协助医学侦探选择与其专业领域相匹配的病例，之后医生与患者、医生与医生之间会进行大量的沟通，最终给出诊断及治疗建议。CrowdMed 解决一个病例平均耗时两个月。

对于患者来说，需要完成的步骤如下。

第一步：提交病例。完成调查问卷，上传病历材料。整个过程可匿名完成。

第二步：设置奖赏。注明预期等待时间及对有贡献的医学侦探的奖赏方式和额度。

第三步：等候诊治。CrowdMed 会对医学侦探们提出的诊断分析和建议治疗方案进行收集和筛选。患者可以邀请所有医学侦探进行参与，也可以将参与者限定为排名最靠前的几位。

第四步：取回报告。在整个流程结束之后，患者将收到一份详细的报告，前往医疗机构进行后续诊治时可将其中给出的建议与医生就病情进行沟通。

对于医学侦探来说，需要做的事情则分为如下几步。

第一步：在线注册。

第二步：挑选病例。医学侦探们可以搜索或浏览CrowdMed用户提交的病例，寻找与自己的专业领域相匹配的病例进行跟进。

第三步：分析研究。和患者及其他医学侦探一起探讨病情，了解患者的症状、疾病史及其他有助于作出诊断的信息。

关于费用方面，CrowdMed向用户收取月费，有三种套餐：初级套餐（99美元）、标准套餐（149美元）和高级套餐（249美元），套餐不同，包含的福利也不同，有区别的部分包括可以"聘请"的医学侦探数量、是否配置病例调解员及是否拥有专家核查病例的机会。对于部分财政困难的弱势群体，CrowdMed也提供适当的无偿帮助。

至于医学侦探所能获得的回报，总体来讲，CrowdMed认可并尊重每一条建议的价值。当一个病例完结之后，患者会给予每一位曾提供有效帮助的医学侦探一定的金钱奖励。也就是说，医学侦探的有效参与越多，所能获得的奖励也就越多。此外，作出准确诊断、给出有价值的治疗建议及向同僚提供有效帮助都可以增加医学侦探们在CrowdMed的信誉。信誉提高到一定级别之后，医学侦探就可以获得参与探讨更高级的病例的权限，相应获得的回报也就更多，其中包括网站个人积分和金钱奖励。

为了消除医学侦探们在提出诊断及治疗建议时可能会存在的心理隐忧，CrowdMed特向患者声明：网站给出的只是建议，而非正式的医学诊断；只有医生可以给出权威的诊断和治疗方案。

截至2022年，来自30多个国家的超过1300位患者通过CrowdMed获得了帮助；70%的用户表示他们从CrowdMed医学侦探那里获得的建议是有助于日后的诊断及治疗的。有第三方做过关于CrowdMed的市场调研，结果显示，使用CrowdMed后，患者的看病支出降低了近40%，而医护供应商接待患者的频率下降了近75%，即大大降低了医护供应商的患者管理成本。

海曼为计算CrowdMed的成功率划定了两种标准，第一种标准是：如果患者在拿到CrowdMed给出的诊断和治疗建议后对自己的患病状况有了更加清晰深入的了解，并因此提升了治愈概率，那么就认定为"判断成功"。按照这种标准来看，目前CrowdMed的成功率可以达到60%以上。第二种标准则更加严格，即：假如医学侦探们给出的诊断和治疗建议当中有那么一条与正规的医疗机构所给出的最终诊断结果吻合，那么就认定为"成功"。按照第二种标准来看，CrowdMed的成功率达到了50%以上，也就表示CrowdMed为超过一半的用户作出了准确诊断。

CrowdMed目前已募得超过300万美元的资金，包括四轮种子投资，资金来源全部为硅谷风险投资，投资者包括全球风险投资公司恩颐投资

（New Enterprise Associates）、硅谷顶尖风投公司 Greylock Partners、硅谷顶级创业孵化器 YC、风险投资公司安德森·霍洛维茨基金（Andreessen Horowitz）、小型风投公司 SV Angel 及科斯拉风险投资公司（Khosla Ventures）等。

目前，CrowdMed 已经和高危疾病医护服务供应商开展了合作，帮助他们减少了大量开支。今后，公司想和医疗机构、医院及保险商进行合作，希望后者可以接受 CrowdMed 的理念，利用"众包"模式有效节省时间并缩减开支。

在 CrowdMed 的官网上有这么一句话：solves the world's most difficult medical cases，即利用大众智慧来解决世界上最难治的医学病例。平台目前最大的挑战是招募足够多的医学侦探参与进来，使该平台真正有效地解决医学病例。

第三节 公共管理中的众包

作为一种分布式的在线问题解决模式与生产模式，众包模式的应用拓宽了政府吸收社会力量与民间智慧改善公共管理的行为边界，众包机制也跨越了商业活动领域进入公共管理视野。近年来，从城市规划方案制定到自然灾害应急管理，众包在各国公共管理领域中展示出了巨大潜力。在国外，众包已成为发达国家应对民主危机、增强政治信任的重要手段，如 2009 年启动的美国开放式政府计划、2010 年欧洲各国实施的政府 2.0 行动都将众包机制作为不可或缺的政策工具。同时，许多发展中国家也开始借助众包机制提升国家治理能力，如 2010 年海地政府运用众包模式协调自然灾害的赈灾工作，2011 年利比亚政府运用众包项目进行内战后的国家重建，以及 2012 年肯尼亚政府运用在线众包平台捍卫人权、抵抗暴力等。

自 2008 年布拉汉姆（Brabham）在其关于公民参与城市规划项目的文章中首次提出将众包机制引入公共管理或政府管理过程的学术倡议以来，越来越多的研究开始聚焦于如何运用众包机制来改善公共管理。国内方面，王谦和代佳欣最早探讨了政府治理网络众包模式的基本内涵、构建方法及现实效用，是国内研究公共管理众包模式的首篇公开学术文献。整体而言，作为一个新兴的学术领域，众包在公共管理领域的研究方兴未艾，通过对近 10 年间公共管理领域的众包机制文献分析发现，"开源式治理"（open-source governance）理论为将众包模式应用于公共管理领域提供了动力机制，该理论将开源运动与民主原则相结合，使普通公众能以较低的交易成本与边际成本为公共事务作出贡献。

目前，理论文献中关于公共管理中的众包应用主要形成了三种观点：第一种观点是将众包视为公共问题的在线解决方案，以自上而下和自下而上两种方式完成上层政府和基层社区之间的互动；第二种观点认为众包可以作为一种赋权于民的在线协商工具，用以克服传统协商式民主的局限性；第三种观点最符合众包模式的本质性内涵，即公共管理众包是通过运用集体智慧进行公共事务管理的治理机制，政府通过挖掘与利用公民智慧，将以往由政府机构承担的任务众包给较大规模数量的公众群体并提出解决方案。

让所有公民有平等的机会参与公共事务是全世界政府努力实现的政治承诺。公共管理众包出现之前，"协商式民主"是政府行为与公共决策的道德合理性和公平参与政治进程的主要体现方式。然而，尽管协商式民主理论主张赋权于民并将公众吸纳进公共事务治理体系中，但在实践中，协商式民主仍然存在理论阐述与实践应用相脱节的现象。

幸运的是，互联网的出现对政治民主的过程起到了极大的推动作用，其不仅在于能够促进公众之间的协作和沟通，更重要的是，互联网还可以通过设计精良的在线协商互动逻辑来灵活运用集体智慧去实现公共问题的公平决策。基于互联网等现代信息通信技术的众包模式恰恰在两个方面都能有所作为：其一，承认政府并非全知全能，是众包模式应用于公共管理事务的根本理由，它克服了传统民主参与的局限性，运用集体智慧为公共问题带来新的洞见和创新；其二，众包既是传统政治民主过程的逻辑延续，还可以通过参与到公共服务生产与政策创新过程，帮助政府降低成本、促进创新，增强政府与公民之间的信任关系。

一、公共管理众包机制的要素设计

首先，可得性的基础设施、明确的愿景、充足的人力资本和财政支持、良好的社会资本与稳定的外部环境（包括宏观经济环境、政治治理结构、微观经济与商业环境）是公共众包项目成功运行的基本前提。公民构思与创新、合作式行政管理、合作式民主是公共众包的基本要素。此外，透明、参与、协作、协商、回应性等要素都是公共众包框架中的核心要素。但研究表明，在公共众包实践中，"协商"与"协作"往往严重不足，协作与协商的必要性仅在特定的情景中才能够显现出来。例如，在以信息提供与问题发现为主要功能的众包项目中，协商与协作就显得并没有那么重要。

其次，精良的程序设计是公共众包项目成功的重要条件。一个完整的商业众包项目应包括概念设计、技术设计、沟通阶段、想法/任务进入、评价、监测、奖励、过程评估与记录、实施等阶段。相比之下，公共管理领域的众包设计程序主要涉及激励机制设计、双向交流、信息聚合三个方面,将这三个行动整合起来,可以成为一个迄今为止最完善的公共众包项目的程序设计过程。

(1)识别参与群体。该阶段需定义参与者的多样性、参与性与集体性特征。

(2)设计激励机制。该阶段需选择恰当的激励机制,如金钱激励、学习新知识与实现自我提升、建立声望与获得同行认可、个人兴趣与身心愉悦。

(3)过程设计。该阶段需明确公共众包项目的实施方式,可分为竞争式、合作式与合作式竞争三种方式。

(4)评价众包结果。该阶段需设立可操作化的标准,以对众包过程中所收集的方案、设计的质量进行评价。

对于公共管理者而言,为确保公共管理众包项目的顺利运行,除了明确公共众包的功能要素与程序设计外,还应认识到潜在参与者的需求、激励、目标和激励机制的重要性;应事先明确地定义问题与解决方案的具体要求,正式承诺对参与者想法、方案的采纳程度。在公共管理众包中,政府角色应由管理者变为策划者,保持众包过程的透明性、回应性与安全性,政府部门应积极参与其中,但要学会与其他参与者分享控制权。

二、公共管理众包机制的类型划分

早期的研究将公共管理众包过程分为公民构思和创新、协作式行政管理、协作式民主三种类型。随着实践的发展,相关的研究发现,众包在公共管理领域的运用可以从最简单的大众评选(如在线投票、民意调查)到稍复杂的大众处理(如分布式的在线任务处理),再到更为复杂的大众创造与大众解决(如政策方案的设计、公共问题解决方案的征集)。近期的研究多采用一种基于问题的分类方式,将公共管理众包划分为知识发现与管理、分布式人类智能任务、广播式搜索与同行审查类的创造性产品共四种类型。前三种体现了迪亚曼多普卢(Diamantopoulou)等人倡导的公共管理众包"软性"模式的特征,本质在于开放式合作;第四种则大致对应莫吉尔(Mergel)与德苏扎(Desouza)提出的公共众包"硬性"模式,实质在于锦标赛式竞争。政府可先运用"软性"模式从公民那里收集观点和知识,然后再实施"硬性"模式,开展竞争,由公众讨论、选择方案与提供资助。

此外,还有学者根据政府对众包过程的控制程度,将公共管理领域的众包活动分为主动型众包与被动型众包,前者由政府定义与控制讨论的话题,政府通过社交媒体向公众提供众包政策相关知识、观点与想法;后者由政府从已有的 Web

2.0资源中搜索公众政策讨论的信息，但这些讨论都是在没有任何政府机构的发起下自由进行的。在实践中，被动型众包更能够体现出众包机制的开放性、无边界性与民主性的特征。

三、公共管理众包项目的评估

公共管理领域采用众包模式最大的意义在于对公民进行教育，让他们了解公共政策知识，走近政策制定过程，并让政府未来的相关政策的执行过程更加顺利，因此，一个成功的公共管理众包项目必须能准确评估公民学习的成果。评估不仅要关注众包产生的数据质量与附加价值，而且要细致分析过程。学者们建议采用"设计—过程—影响"评估框架，该框架由三部分构成。

（一）设计评估

设计评估从以下三个维度测量：一是社会—技术设计，涉及众包网站的制度和组织安排，在线过程与线下过程的协调程度；二是功能设计，主要对平台基础设施的功能进行分析，即评价平台设计是否有利于促进有效的、高效的电子参与和双向沟通，推动"集体智慧"的形成；三是程序设计，涉及对公民众包过程的具体步骤的分析，如谁控制议程设置以及哪些议题具有优先权。

（二）过程评估

对众包项目过程的透明、参与、协作、协商与回应进行评价。

（三）影响评估

对众包项目可能产生的各种影响进行评估，包括有效性（即众包平台对其预期目标的实现程度）、对政策循环的影响、对行政管理效率的影响、社会影响（即对社区福祉的改善程度）、对治理的影响与可持续性影响等。

四、社交媒体时代下的政策众包模式

社交媒体时代，公共管理政策的制定过程天然拥有众包元素，学界直接用"政策众包"或"众包式政策制定"来描述社交媒体时代的公共政策过程。2014年牛津大学互联网研究所召开了首届题为"政治与政策众包"的学术会议，标志着政策众包正逐渐发展为一个独立的研究领域。

政策众包的重要价值主要体现在：众包模式通过赋权于民和促进多元利益相关者的协商对话来增强政府行为的合法性，以及政策过程的包容性、开放性；政府部门可运用众包机制完善各种政策法规，纠正公共决策中的失误，提升决策理性；政府不仅可通过参与式预算来制定详细的政府支出计划，还能利用众包工具邀请公众参与审计政府支出数据，发现政府的不当支出，通过增加公共财政的透明度来建立更好的政府信任关系；对于一些复杂棘手的政策问题，决策者还可以运用众包模式获得关于政府决策的公众支持。

然而，正如前文所言，基于社交媒体的众包是一种"被动式众包"或"非调节型众包"。实践中，大部分的政策众包行动都以失败而告终。

众包机制对协商与咨询的促进作用十分有限，因为众包协商与其他政策咨询活动并无本质差异，在政策制定过程中，政治动因与行政考虑才是最重要的。在政策环境中，始终存在着一个限制众包行动有效性的政治议程和一个屈服于政治压力的行政逻辑，这恰恰是政策众包失败的根源所在。最初预期的低成本的信息收集方式，最终变成了耗费大量人力、时间的政策咨询工具。事实上，在政策过程中引入众包机制，并无法真正克服社会内部根深蒂固的权力不对等的问题。

政策众包的普遍失败引发了学者对于政策众包逻辑与传统公共决策制定逻辑内在冲突的反思。专业的理性判断会被在线的过分讨论所破坏，公众的政治冷漠将导致众包议题无人问津。众包式政策的制定面临着参与者知识不对称、多样性损失、未知偏好差异、政策制定过程的复杂性、参与者选择偏误与代表性不足等实践困境。

第四节　众包与新闻模式创新

互联网技术的发展和智能设备的快速普及使得新闻生产模式发生了巨大变革，实时数据新闻正在成为新闻行业探索的新形式。而随着用户能动性不断提高，用户原创内容（User Generated Content，UGC）新闻和用户个人价值逐渐被专业化媒体发现、重视和利用起来，成为利用公众智慧参与国际新闻生产的"众智"模式。

一、众包新闻的概念和内涵

众包新闻就是将商业领域"众包"的概念运用到新闻生产流程中所产生的一种新的新闻类型，主要是指利用多种网络技术有针对性地从用户那里收集报道的相关素材以及资金等全新的新闻生产模式，其加强了用户以及新闻机构两者的合作。从客户的视角来说，众包新闻是指大众接收新闻组织的指引、聚集、邀约，通过智能客户端、公共媒体、网络等载体、平台以及技术，将个人的经验、素材、时间、关注点、精力等分享出去，以此来实现一个或更多个相关报道的新闻产出方法。

二、众包新闻的开源生产流程

（一）确定众包事件

任何一则新闻报道都是由新闻事件引发的，没有新闻事件的发生自然就不会有相应的报道，新闻事件类型多样，包括经济、政治、文化、社会、体育、娱乐等。而对于众包新闻而言，其针对的事件主要以突发性、灾难性事件为主，主要有两类报道形式：一类是调查性报道，另一类是国际性报道。这些事件相对特殊，专业媒体机构可能未能及时赶到现场进行报道，但这类事件关乎民众的切身利益且具有极大的社会影响力，因此该类事件的新闻报道又必须兼顾时效性和权威性，而众包这一形式为其提供了更即时有效的信息。

（二）设置众包平台

众包平台是众包新闻生产运作过程中必不可少的部分，是新闻众包得以进行的载体和支撑，也是众包力量显现和汇集之处。一个知名度高、影响力大的众包平台，民众对其认可度和信任度较高，这有助于众包的顺利进行，发挥众包的最大效力。众包平台的存在，为民众的参与和反馈提供了一个方便快捷的渠道，对于众包新闻特别是一些调查性报道来说，新闻众包平台的目标是通过收集民众信息，发挥群体多样化优势以克服专业媒体机构同质化的局限，以保证报道的客观性和深度。

众包平台的用户在接收到平台提供的有关新闻众包项目的信息之后，根据自身兴趣或关注点选取部分项目进一步了解该项目，以决定是否参与到众包之中。新闻众包的参与者只需按照平台所提供的参与途径，以问卷或直接上传等方式分享或反馈有关信息。众包平台大都具备较为成熟的功能划分和用户互动反馈机制，在参与过程中无须过于烦琐的程序，对参与方式的具体说明也都较为详细明确。特别是一些移动端的众包平台，操作便捷简单，避免了因技术问题所带来的限制，因而方便了用户参与。例如，新华社就建立过一个被称作"我在现场"的新闻事实分享客户端，主要用于发布视频、语音等，让用户可以快速地了解新闻现场的实际情况。

众包平台的存在为信息流通提供了渠道，也为有效信息提供了承载之地。首先，平台的存在保证了参与者分享信息的途径，任何使用该平台的用户可以随时随地将相关信息传递给平台；其次，平台收集完所有参与者的信息之后经过初步筛选传递给发起者或发起机构，再由发起者进行筛选并作出反馈；最后，平台向提供有效信息的部分参与者传达反馈，引导其二次分享。在这个过程中，无关信息被筛选出去，有效信息得以保留并不断扩充。

（三）分配众包任务

调查发起者或者策划者在一开始就已对众包整体目标有了清晰界定，继而承担起为不同身份的参与者分配众包任务的工作，以保证众包的有效进行。众包模式的新闻是一种组织化的社会参与，这种方式更趋同于某种针对于"参与式新闻"的定义，是一种业余公民记者在相对专业的新闻平台当中积极参与的新闻产制的新闻模式，公民之间并非相互独立，而是侧重于协同合作。因而在新闻众包的过程中，参与者之间看似处于分散的弱连接状态，无法面对面地沟通交流，实际却是在发起者的指导下分工明确地进行着合作生产。这既不同于传统新闻生产机制下由专业媒体人员主导的新闻制作与报道，也不同于网络时代自媒体随时随地输出、分享内容的模式，而是在发起者的指导下保持有序参与以及线上合作的多人同时进行的任务模式。

在众包事件中，因身份不同存在差异化的任务分配，不同身份的人对同一事件所能提供或分享的信息类型也有所不同。因此在新闻众包的过程中，在任务分配这一环节需要发起者根据事件的类型、可能涉及的参与人员身份以及可能分享信息的类型，对众包任务的发放进行身份上的划分，设计适合对应身份的任务内容与参与方式。在差异化的任务中，要找寻收集信息的高效模式，尽可能多地接收有效信息，保证众包的有序进行。

（四）整合信息，完成报道

对于信息的处理大致可分为以下几个步骤：信息收集、信息筛选、信息分类以及信息整合，由此形成了一系列报道。在此过程中，职业记者的角色有了一定程度的转换，由内容生产者更多地变为信息整合者。媒体、记者由传统的独立完成新闻生产的角色逐渐转变为新闻生产的组织者、整合者。

在关于众包的选题所收集的大量信息中，专业记者是否能够严格整理和把关这些信息显得非常关键。这不仅是记者自我素质的坚守和编辑系统的把关，还是发布的信息的真实性的把关。这主要是由于互联网快速发展，各种信息鱼龙混杂，大部分很难辨别真假，这就需要记者对这些信息进行辨别和整合，同时也是记者发挥自身作用的一个关键环节。基于此环节，记者不需要挨家挨户亲自走访，只需要对大量丰富的信息进行整合把关。虽然扮演的角色不同于以往，但其作为海量信息的把关者和整合者，在新闻制作过程中所发挥的作用仍不容忽视。众包发起者对所收集的信息进行把关筛选之后，根据众包事件的类型和所涉及的相关内容，再次分类整合，形成一系列的最终报道。

三、众包新闻的优越性与困境

（一）众包新闻的优越性

1. 最大化信息资源效益

众包就是发挥群众智慧，并对新闻资源进行合理配置。相比于其他新闻形式，众包新闻这一新的新闻生产形式实现了信息资源效益的最大化。首先，互联网技术和传感器的应用使得信息收集的数量和范围扩大，这保证了新闻报道的广度；其次，通过实时信息的筛选、分析，挖掘信息背后的内容以争取报道的深度，由此信息资源得到了充分利用从而更好地发挥了效益。新闻众包的过程充分体现了开源文化的思想精髓，即以一种开放共享的方式进行新闻生产，发挥信息资源效益的最大化。

2. 丰富的载体，多样化的形式

众包新闻内容的载体更加丰富、形式多样，图片、文字、音频、视频、H5页面、虚拟现实和混合现实平台等都可以成为新闻信息的载体，这些不同载体的信息在生产者和接收者之间通过网络进行直接、多向、良性流转。而上述种种形式的共性之一就是可视化，不管是以大数据为支撑的动态图表、简洁有趣的音视频、层出不穷的H5页面，还是科技感十足的虚拟现实新闻，都试图在视觉呈现上做到更好。众包新闻的生产者明白，形式虽为内容服务，但不可忽视的是，一个合适有趣的形式在传播中更易于被受众接受和认可。

3. 迅速传播，扩大影响力

面向的主体增多，承载过多的信息，导致众包新闻的作用愈发明显，众包新闻推动了新闻生产方式的变革，使各方主体的角色定位更加明确，对新闻内容的消费以及生产角色的界限逐步淡化，让新闻受众参与到新闻生产中去，受众既是内容的生产者，也是享用者和传播者。受众从原来被动地接收信息变为了主动搜索、参与和传播，在新闻报道中受众的参与达到了前所未有的高度，众包新闻作品一经完成又迅速地回流到信息提供者那里，并借助社交平台进行分发，扩大了传播范围，提高了宣传效果，从而使新闻传播的速度和影响力得以提升。

4. 确保内容客观公正

一方面，众包新闻的信息来源更广，使得记者在印证新闻事实时有了多维度的评判和参考依据，尽可能避免了失实、片面的报道；另一方面，在平衡新闻的价值取向方面，众包的参与也有助于媒体新闻报道突破某一类选题的局限，使得整体的报道更加客观、公正。与传统新闻生产的受众相比众包参与者对众包新闻事件的了解程度和认知要更全面、更深入，因此参与者的监督更为精准有效，在参与新闻生产的同时也对报道保持着关注和监督，从这点上看也使得报道更加客观公正。

（二）众包新闻的困境

众包新闻作为互联网技术与新闻革新的探索，在解决一部分问题的同时，也产生了一些新的问题，如数据获取受限，参与者资质和其所提供的数据资料质量参差不齐等，这些也成为数据新闻在探索"众包"模式道路中不可忽视的问题。

1. 呈现方式单一，缺乏故事性

作为国内外广受青睐的新兴新闻生产方式，数据新闻将过去以文字为主体的叙述方式转换为以数据为核心。但是，随着实践的深入，可以发现好的数据新闻并不是大量数据的简单罗列，而是要有一条故事线索贯穿其中，能否讲述一个好的故事才是判断一则数据新闻好坏与否的关键所在。利用"众包"模式做数据新闻虽然可以汇集更多的声音和数据资源，但是由于发起模式简单，提出的问题比较单一，参与"众包"的问题回复也和问题一样相对单薄，把这些数据梳理成新闻故事更加困难。因此，采用众包模式获取数据的数据新闻大多都是以"数据地图"为主要可视化形式的。尽管随着技术的不断进步，可视化地图的形式也不断推陈出新，但是其本质依然是为大众呈现"众包"项目所提出问题的横向分布，若想将其串联为一个可读性强、有情节性的故事还是比较困难的，依然需要其他手段的协助，如个案分析和深度访谈等。

2. 数据质量参差不齐，采集效果不稳定

在"众包"模式下生产的数据新闻能获得大量参与者的数据支持，是丰富新闻内容的重要前提。但是从微观层面看，每个个体通常关注的视角和领域都存在局限，往往只对自己熟悉或接近的事物有兴趣，甚至形成自己的社交小圈子，这就会导致信息获取和提供的碎片化和主观化。再加之参与者自身的媒介素养水平参差不齐，专业程度低，最终会导致收集到的数据存在分布不均、视野狭小和过于极端的问题。大众贡献的数据具有主观化和多元化特点，将这些数据组合成一组完整的数据集也是一个难题。尤其在一些存在争议的事件中，立场和价值观念的不同可能导致完全相反的态度和看法，或者会出现大量的垃圾信息。而这样的数据体量虽大，但会导致有效信息深藏其中、数据的价值含量低、后续数据清洗难度大、最终可信度低等问题。

由于"众包"项目从发布任务书到获得数据的时间的不确定性，有的项目短期内立刻收到大量回复，而有的可能间隔几周甚至几个月都无人关注，这让"众包"的时间成本过高，可能错过事件发展进程，更难以成为获取数据的一种稳定形式。

3. 选题及可操作性受限

运用"众包"模式生产数据新闻对于一些难以独立完成的或调查类的新闻较为高效，通过众包能在短时间内较快获得更广范围的协助。但是从选题上来看，众包新闻其选题范围是相对受限的。

（1）众包新闻更适合针对一个话题进行"面"的铺陈，不适合"点"的挖掘。

（2）众包新闻更适合展现对比和差异，不适合着眼于一个对象进行历时性的延展。

（3）众包新闻更适合收集大众化的或涉及公共利益的话题数据，不适合收集专业化数据。

（4）数据新闻因为篇幅和呈现方式受限，借助众包收集数据制作出的可视化作品大多还是囿于简单陈述和表层化的信息，难以展现数据背后的细节。

第五节　众包物流

近年来，共享经济创新创业在我国表现活跃，发展速度较快，在交通出行、办公、制造、教育、生活服务等领域通过与"互联网+"的融合创造出众多的新兴业态。这些业态的出现解决了社会产能过剩的问题，提高了资源的利用率，并提供了大量的就业岗位，展现出巨大的发展潜力。众包物流借助移动互联网、云计算、基于位置的服务（Location Based Services，LBS）定位等创新技术实现了"互联网+共享经济"的创新，是共享经济在物流领域应用的典型创新范例。

一、众包物流的概念和基本类型

所谓众包物流，就是在共享经济理念的指导下，将众包的理念应用到物流领域的新型的物流运营模式，是指将原来由专职配送员所做的工作，以自愿、有偿的方式，通过互联网这个平台外包给社会上的非特定群体，他们自由、自愿地承担这一任务，将货物最后配送到消费者手中，以获取相应的报酬。

从概念来看，众包物流的劳动对象规模、批量相对较小，对于大规模的需求尚不能完全满足。众包物流作为轻资产运作模式，可以降低企业前期的投入成本，通过将物流服务和客户需求精准匹配，高效率、低成本地满足用户多元化、定制化的物流需求，促进社会资源的优化配置。与传统的物流外包相比，众包物流的接包方以不确定的个体居多，因此灵活性更强；同时在交易机制方面，供需双方有着更为多样化的任务发布与任务承接方式。

从物流的供给和需求角度来看，可以把众包物流划分为C2B（消费者到企业）、C2C（消费者到消费者）或P2P（个人到个人）类型。但是，众包物流需求方一般为小型商户和个人消费者，具有规模小、分散性和随机性等特点。C2B或P2P类众包一般服务于外卖、生鲜、O2O（线上到线下）等领域；C2C类众包一般由单个消费者发起众包任务，由社会人员提供承运服务，一般距离近、对时效要求高，如跑腿、同城直送等。大型企业之间的物流活动通常具有批量大、距离远、高频次、多节点等特点，需要专业的第三方物流企业提供综合性的解决方案。

二、众包物流的运作模式

众包物流的参与主体包括供应商、众包发起者、众包平台、众包承运人、消费者、网络运营商及相关的保险机构、金融机构和行政机构。其中，众包平台将完成创建订单、接受订单、完成订单、订单支付、订单评价、客服处理等一系列线上流程，是众包物流的技术支撑。

在众包物流的运作中，供应商既是服务的提供者，同时也可以作为众包的发起者，这一现象最为明显地出现在我国的外卖O2O行业；消费者在众包平台创建即时订单时，也充当着众包发起者的角色。即便社交网络充斥着人们的生活，但手机通信仍然是沟通最可靠的方式，而且在进行网上支付时，手机验证码验证是作为支付最后确认的第一选择。行政机构与市场共同构建起众包物流的运营环境，培训机构和保险机构则为众包物流提供了很好的基础保障。

众包发起者在众包平台创建众包物流订单后，众包承运人看到众包物流订单信息时，就会在众包平台选择接单，然后到订单指定的地点领取货物，最后将货物配送到消费者手中，并获取相应报酬。众包平台在众包订单完成过程中将对众包承运人进行实时监督，并将订单完成信息反馈到平台上，众包发起者可以对众包承运人完成众包订单的业务情况进行评价。消费者的购物订单是众包物流订单的来源，但消费者不直接参与到众包物流的过程中，只作为众包物流的终端。一旦订单物品出现损坏或丢失，就有可能会产生逆向物流，此时保险机构介入对众包承运人及消费者进行理赔，还不能妥善处理的，再交由行政机构进行协调。

三、众包物流存在的问题及优化对策

（一）众包物流目前存在的问题

众包物流市场活跃，但运营管理及服务仍存在以下问题。

1. 标准化体系欠缺

传统物流行业中的标准化问题尚未完全解决，众包物流相关标准更是少之又少，众包物流的管理、运作、实际操作、技术、设备、服务等领域同样需要标准化的规范。标准化程度低必然会导致管理运作混乱、服务水平无法保障、众包物流各个主体之间的合作与沟通障碍等问题的出现，众包物流的效率也会因此降低，不利于众包物流的可持续发展。

2. 法律法规不健全

众包物流平台作为一种新兴的商业模式，在调动社会闲散劳动力资源、完善城市基础设施和满足现代人生活消费需求方面具有天然优势，是互联网新经济发展的必然产物。目前各地劳动仲裁机构或法院依然会谨慎地依据《关于确立劳动关系有关事项的通知》（劳社部发〔2005〕12号）来判断众包物流平台与众包承运人之间是否构成劳动关系。很显然，2005年颁布的上述规章已无法准确预见、规范互联网新经济模式下劳动力流转的新情形。因此，众包物流平台与众包承运人之间的法律关系在很大程度上就处于了法律空白地带。

如果像少数劳动仲裁机构和法院那样在司法实践中将上述二者之间的关系认定为劳动关系，这无疑将给众包物流平台经营者套上了沉重的法律责任，甚至等于实质上否定了这种新兴的商业模式；但反过来，如果认定二者之间不构成劳动关系，甚至仅认定为居间关系，也会带来不少现实的问题。因为众包承运人一般都是低收入群体，其个人很难承担即时配送过程中可能造成的自身或他人人身、财产损害的法律风险。

3. 服务水平无法保障

众包承运人从本质上来说属于"自由快递人"，很多人可能身兼数职或者是一些社会闲散人员,只是利用自己的闲暇时间提供物流服务。但是从构成来看,社会闲散劳动力是众包承运人的主力军,而其服务水平及自身素养却参差不齐。大部分平台对于众包承运人的要求不高,一般年满18周岁、拥有一部智能手机即可报名,男女不限、门槛低、时间自由,经培训后即可上岗。与专业的物流人员相比众包承运人专业性更弱,存在的差距也很大,服务水平更是无法保障。目前,因为众包承运人离职率高,众包平台急于扩大市场份额,在对"自由快递人"的资格审查方面并没有给予足够的重视,众包承运人缺乏物流专业化的培训,这种行业乱象很容易引发社会安全问题。

4. 行业进入门槛低,竞争激烈

众包物流以轻资产作为切入点,前期投入少,行业门槛低,又处于发展的初期,模式容易被复制,越来越多的企业投入资金及先进的技术进入众包物流市场,在竞争加剧的同时,可能会出现市场饱和的情况。例如,从2014年首家众包物流平台"人人快递"开始,陆续出现"达达""闪送""极客快送""蜂鸟即配"等多个众包物流平台,竞争非常激烈。

(二)众包物流优化方向

1. 制定相关标准

在制定相关标准时,政府相关部门应起到积极引导作用,并加强宣传,及时掌握行业标准动态,不断完善适合我国众包物流发展的标准,为众包物流的发展提供助力。制定相关标准时,不仅要立足国内实际情况,还要着眼于国际,充分借鉴发达国家成熟的经验及先进技术,参考国内外先进标准和标准化方法。另外,还应建立人才激励机制,培养一批熟悉众包物流业务、具有跨学科综合能力的人才,更好地发展众包物流。

2. 完善法律法规

有人认为法律是发展的"枷锁",然而事实上并非如此,法律在约束的同时也激励着各方面的发展。从法律的约束功能来看,要明确各个监管单位、众包物流平台和社会公众等相关主体在众包物流发展中的职责、权利、义务以及法律责任,创建有效的约束机制;从法律的激励功能来看,主要是完善和众包物流有关的税收政策、财政政策、解决民生问题等激励性法律制度,使企业和个人都有动力发展众包物流。新兴事物的发展离不开法律法规为其保驾护航,所以需要加快出台针对众包物流的法律法规,使众包物流运作在出现问题时有法可依。通过制定相关法律法规达到保护众包物流平台、保障众包运力供给端和需求端的权益,减少民事纠纷的出现,维护众包物流市场环境,促进众包物流又好又快发展。

3. 建立规范化的服务体系

顾客满意度是影响企业竞争力的关键因素，因此众包企业要完善其物流服务体系，提高众包承运人的专业素养，进而提高众包物流企业的形象。众包物流企业应积极行动起来，开展业务培训，强化众包物流承运人的职业素养，建立健全问责机制，保障众包承运人、众包平台及用户的权益。例如，蜂鸟众包会定期为骑手提供一些线上或线下的培训，还会跟许多线上教育平台进行合作，定期更新培训试卷，及时了解骑手的专业素养。这些培训的目的是为骑手们提供送单技巧，同时还能解决服务时遇到的困惑和问题。定期培训可以相应地提高众包从业人员的服务水平。

4. 提出差异化竞争战略

目前市场中的众包物流企业提供的服务大同小异，区别并不明显，属于同质化竞争，再加上物流企业也在根据配送问题进行不断的改善，提高面向用户的终端配送服务水平，物流企业的竞争越来越激烈。在这样的背景下，许多众包平台采取低价格的竞争策略，但是低价格可能会导致企业利润减少，还不能保证会增加用户与企业之间的黏性。所以众包企业应考虑本企业的特色及基本情况，结合社会需求，推出差异化、个性化及创新性的众包服务，增加众包企业的核心竞争力，实现可持续发展。

第十章　众包的风险与规避

第一节　众包的风险

一、众包主体的风险行为

作为众包的两大参与主体，接包方和发包方都存在风险行为。按照风险来源的不同，可将众包模式中的风险行为划分为接包方风险行为和发包方风险行为。

（一）接包方风险行为

现有的相关研究多从接包方的风险行为来观察和研究众包的风险及其管理，主要涉及"涉嫌抄袭""能力不足""一稿多投"等三种欺诈形式，具体如下。

1. 涉嫌抄袭

接包方为了赢得众包竞赛的奖金，模仿其他人的创意或盗用其他人的成果参赛，最终以非正当手段获得奖励。在猪八戒网诚信管理中心的举报案件中，接包方涉嫌抄袭的举报案件占所有举报案件的首位。通过分析，发现接包方抄袭的方式有以下几种：抄袭平台上类似竞赛任务中其他接包方的获胜方案，冒用他人的创意成果参赛；直接盗用其他网站已使用的设计方案投稿，甚至直接利用搜索引擎获得图标和Logo等现有设计素材进行投稿，没有原创设计；对他人的解答方案稍作修改，模仿他人的创意参与竞赛任务，试图以最小的投入获得最大的收益。

2. 能力不足

接包方谎报其真实能力，接受超出其能力范围的高难度任务，最终因能力不足无法按时提交解答方案，或者提交低质量的解答方案。部分接包方在选择了发包方发布的任务之后，迟迟不能完成并提交解答方案，当发包方催促时还不承认其无能力完成任务，一直拖延时间或以发包方给予的奖金少为由要求追加赏金，但最终依然无法及时提交解答方案；或即使按时提交了解答方案，其方案的质量也不如人意，通过反复修改依然达不到发包方的要求。这些行为既耗费了发包方的金钱成本，同时也浪费了发包方的时间，使发包方遭受严重损失。

3. 一稿多投

接包方将同一个解答方案提交给多个发包方，以同一方案多次参加不同的竞赛任务，同时获得多个发包方提供的奖金。接包方一稿多投的行为造成多个竞赛任务失效。发包方按照正常程序发布竞赛任务，并向获胜的接包方支付奖金，但获得解答方案之后却无法使用或后续陷入知识产权纠纷。接包方的欺诈行为使发包方浪费了时间和成本，发包方付出成本却不能收获相应的回报，同时还有可能遭遇技术泄露的风险。

（二）发包方风险行为

1. 双重身份欺诈

发包方以企业和接包方两种身份分别在网络平台中进行注册，先以企业身份发布竞赛任务，然后以接包方身份参与竞赛并提交一份解答方案。该解答方案可能是其按照任务要求独立完成的方案，也可能是其利用双重身份获得其他接包方提交的解答方案之后模仿的方案。最后，在方案的评选阶段中，发包方选择自己提交的方案为最佳方案，但实际上私自使用了其他接包方的解答方案，却不承认该解答方案获胜。在对猪八戒网的调查中，通过查看等级较高的接包方的历史交易记录，有时会发现部分接包方所接受的竞赛任务和获得的奖金大都来自于同一个任务的发包方，而该发包方也只和这位接包方有过合作记录，可见该个案中的接包方和发包方有利用多重身份欺诈的嫌疑。

2. 盗用未获胜方案

发包方不注册多个账户，也按照正常程序选出最优的解答方案，并给予现金奖励。但在获得最佳解答方案的同时，发包方也获得了其他没有获胜的接包方的解答方案，其中不乏优秀的方案。发包方在需要时，不经接包方同意就擅自使用这些方案。发包方盗用接包方的未获胜方案的行为侵犯了接包方的知识产权，但是判定发包方是否侵权并非易事。如果发包方直接采用了没有获胜的解答方案，一旦接包方发现自己的方案被盗用，可以通过网络平台进行举报，此时发包方的侵权行为比较容易判定；但如果发包方只是模仿未获胜的解答方案而没有直接采用，那么判定其是否侵权就比较难了。

3. 拒付奖金

接包方及时提交解答方案后，发包方迟迟不给予最终评判，使得方案长期处于审查状态，延迟发放奖金或拒绝发放奖金，最后直接退出平台系统，若有新问题就重新注册新账号。接包方按照发包方的要求对方案进行修改之后，发包方迟迟不给予反馈意见，并且拒绝与接包方联系，电话或网络留言均不予回复，或以无理要求拒绝支付接包方奖金，最终使得接包方的劳动得不到应有的回报。发包方的欺诈行为损害了接包方的利益，也降低了接包方对发包方的信任，降低了接包方的参与意愿，从长远角度而言，弊大于利。

二、知识产权的困境

在知识经济时代，知识成为衡量众包模式企业价值大小的核心要素，企业通过众包模式汇聚群体智慧，解决难题，体现了"互联网+"知识产权的价值。然而，由于众包平台具有开放性、虚拟性、动态不可控等特征，在知识创新和知识管理中诱发风险的可能性也随之增大。有学者将知识产权风险认定为众包模式中最严肃的核心风险之一。

众包中的知识产权问题主要来源于众包平台管理、知识交易特性、众包平台所处知识产权环境等，风险主要包括法律层面的风险、创新过程中对知识管理产生的负面影响或给产权所有者带来当前或潜在危害的事件。众包是一种基于非契约约束关系的开放式创新模式，道德风险的存在使其不可避免地存在着或多或少的知识产权风险。知识产权是利益的关切点，其风险的存在势必会对众包活动的开展造成严重阻碍。

（一）抄袭行为难以被界定

众包模式以开放的互联网为基础，依托第三方平台发布项目，通过汇聚大众的知识、技能和创意完成任务。发包者为了更有效地获得技术支持，需要将创意方案、商业计划书、技术参数以及其他重要数据公布在平台上。众包平台因其线上的公开性和面向对象的大众性，难以完全杜绝受利益驱使侵占"集体智慧"的风险的发生。众包领域抄袭行为频发，必然会降低创新动力，阻碍众包模式的发展。2016年，码易众包在一封公开信中从网站入口、整体页面、代码、细节等多个方面对码易众包平台自助报价系统和开源中国众包报价系统进行截图对比，指出开源中国众包报价系统对码易众包平台自助报价系统的"无缝抄袭"，引起了众包行业舆论的一片哗然，开源中国不得不向其公开致歉。

（二）劣币驱逐良币

在众包领域中，对于发包者来说，项目需求发布后，最好的情况是匹配到"物美价廉"的接包者。然而，由于双方之间的信息具有不对称性，即使项目被顺利承接，大量的不确定性依然存在。为了将项目失败的风险维持在可控范围之内，当"物美"得不到保证时，"价廉"就成为主要的参考因素。因此，最终接包者往往不是最优秀的，而是出价最低的。在市场上需要几万元才能制作出来的产品，在众包平台只需要几千元便能完成。以目前国内最大的综合性众包平台"猪八戒网"为例，近一半的订单处于价格极低的层次。长此以往，廉价的产品将充斥市场。良币被劣币驱逐，无法发挥知识产权的真正价值。

（三）知识产权人才缺失

我国知识产权保护过于被动依赖行政和司法力量，只靠政府和司法机关维权。目前众包领域在法律咨询、市场情报收集以及侵权预警等知识产权保护方面的功能还很欠缺，缺少具有知识产权服务资质的人才。极少数优质平台通过打造知识产权线上教育平台，培养知识产权专业人才，但这种布局尚未得到大力推广。

（四）行业制度不成体系

《中华人民共和国专利法》《中华人民共和国商标法》《中华人民共和国著作权法》和《计算机软件保护条例》等共同构成了我国知识产权法律体系和框架，这一法律体系和框架同样适用于互联网企业。当前我国并没有出台专门针对互联网众包企业的法律法规，仅由互联网行业自身制定相关保护规则。例如，众包平台"猪八戒网"通过设立诚信委员会，制定《猪八戒网服务规则》，以规范行业服务行为。开源中国众包平台也通过自建的规则协议来约束使用平台的发包方和接包方。总体来说，众包模式知识产权保护措施各自为政，缺乏权威性，难以形成系统化。

三、其他风险

（一）组织管理风险

组织管理风险是指因网络"众包"给企业组织管理带来的不确定性所造成的风险，包括组织结构的改变、企业管理模式混乱引发的风险。传统的组织有固定的边界和内部结构，但在"众包"中，两者都更加模糊化和不确定。"众包"随时发生变化，不但包括任务执行者的变化，还包括内外部职能的不断调整变化。某个时刻，这个职能还是外部职能，但下一时刻就可能变成内部职能了，反之亦然。此外，"众包"造成了企业管理混乱的风险，一是企业研发团队对大众参与的认同问题，二是大众参与对组织正常运作的干扰问题。许多研发人员将自己的研发任务开放给大众时，会害怕失去控制权和影响力，所以抵制大众参与产品创新。此时，企业管理人员就面临着如何引导和激励大众参与者与内部员工的协作创新的挑战。

（二）信息风险

信息风险就是信息的不对称或不完全对组织实现其目标或成功实现其战略的能力产生的负面影响，其特征是信息原因导致的不确定性。由于委托人与代理人效用函数的不一致性，很难保证代理人从委托人的最大利益出发，因而代理人存在道德风险和逆向选择的问题，信息风险也因此产生。

（三）数据安全风险

数据安全风险是任何互联网平台都无法规避的风险，如平台用户遇到钓鱼网站、欺诈、网络漏洞、计算机病毒、网络攻击、网络侵入等安全风险时，会对用户的数据带来影响。较大规模的平台，如阿里众包平台，会通过加入应用安全软件工具开发包来收集用户个人信息、服务使用信息、设备信息、服务日志信息，综合判断账户及交易风险、进行身份验证、检测及防范安全事件，保护用户的数据安全和平台服务器的安全。

第二节　众包风险的规避

一、完善知识产权制度

众包研发知识产权成果，是在众多已共享的知识产权基础上整合创造而来的，而这些已共享的知识产权分属于发包方、接包方以及第三方众包平台，均受到法律的保护，若要加以利用就必须取得权属者的使用授权。众包研发的知识产权管理不善会诱发知识产权侵权风险和流失风险，给众包研发项目带来隐患，因此需着力从以下几个方面加以解决。

（一）对知识产权资源分档归类

对众包研发中所涉及的知识产权按照所有权权属的不同（发包方、接包方、第三方）进行分档归类，这是避免产生知识产权风险的第一步。其目的在于让研发人员明晰哪些知识产权属于发包方、哪些属于第三方，对于第三方知识产权的使用，需要取得其许可，同时也可避免因无意将发包方和第三方知识产权挪为他用而造成的侵权。

（二）加强知识产权权属审查

对发包方提供的背景知识产权进行详尽的权属审查，同时要求发包方提供权属证明和无瑕疵担保，协助政府实现知识产权权属在线确认和在线监管等功能。配合国家完善知识产权审查审理标准和审查指南，建立类似商品和服务分类适应性修订机制，探索建立商标快速审查机制，对明显涉嫌恶意申请和囤积的商标异议等案件实行快速审查机制。

（三）及时取得第三方知识产权授权

原则上，在进行众包研发时，应尽量使用发包方提供的背景知识产权和己方知识产权，当不得已需要使用第三方知识产权时，须事先取得其授权，切不可在研发结束后再进行此项工作或完全不进行此项工作，否则将极有可能出现接包方被迫接受第三方不合理高价或其他技术置换而经历漫长工序的情况，这将严重影响研发进程和收益。

（四）设立研发流程的阶段性检测制度

建立基于众包研发流程的知识产权管理制度，设置阶段性监测点，列好众包研发生命周期中的每个阶段需用到的知识产权清单并注明权属方以及是否取得授权等，做好预案。同时，对正在进行的已使用的知识产权进行实时监控，并做好相关内容的备案。

若接包方为一个组织而非个人，为了切实保护发包方背景知识产权及属于组织整体的知识产权，尤其是技术秘密被组织成员以个人名义盗取挪用并擅自参与到其他众包研发项目中，组织管理者应严格控制接触商业秘密的人员及范围，并与相关成员签订特定的保密协议和不竞争协议。保密协议应重点明确使用范围及违约责任，而不竞争协议则主要包括禁止相关成员从事与本项目发生竞争的工作范围等。

（五）完善平台规则体系

众包平台应该完善诚信评价、平台准入、作品评价、利益分配等各项监管和规则机制。平台方需通过这些机制在合作开始前保证接包方和发包方的信息对称、契约完备，合作过程中对双方的道德风险行为进行约束，合作结束时保证知识产权的顺利交接。另外，还应针对不同知识特性制定相应政策，对知识交易时机、企业透露的资料、知识编码化等行为进行合理的规定和处理。如开源中国众包平台设立了发包规则、接包规则、交易规则、争议规则、服务保证规则、评价规则和会员规则等若干项数百条款。

（六）加强宣传和保护知识产权的力度

政府应进一步完善相关法律法规。政府应注重知识产权保护政策的制定，加强公众对于众包平台知识产权风险的重视程度，提高众包管理平台知识产权保护能力，营造良好的知识产权保护环境，强调众包平台知识产权新生事物特性，以及对网络的依赖性。而且，政府和平台方还应通过宣传教育等方式提高众包参与者的知识产权保护意识。由于众包平台参与群体的知识产权保护意识和技巧参差不齐，政府应加强知识产权保护的宣传力度，运用群众力量防范化解众包平台知识产权的风险。

二、选择适合"众包"的任务

（一）通过筛选合理任务规避因能力不足引起的质量低下

众包社区一般存在三种类型的任务：常规性任务、创意性任务、复杂性任务。常规性任务一般指那些有明确答案的任务，这些任务相对来讲比较简单，容易评定任务完成的质量，报酬相对来讲也比较少一点，但中标可能性大，竞争压力小，如数据的收集和翻译任务；创意性任务注重新颖、前沿、有吸引力的想法，没有标准的答案，难以评定任务完成的质量，奖励一般也十分丰厚，但参与人数多、中标率小，竞争压力大，如奥运会火炬图案的设计；复杂性任务也没有标准的答案，依赖发包方的主观判断，容易评定任务完成的质量，奖金视具体任务而定，需要花费一定的时间，如营销方案的设计。接包方应根据自身的特点和专业知识来选择不同类型的任务包，明确自己的目的，尽量在享受完成任务的过程中提交高质量的任务。

（二）发包方需要加强知识产权管理

发包方知识产权管理主要是对己方现有知识产权、第三方知识产权、需发送给接包方的背景知识产权以及未经筛选的众多接包方所提供的知识成果方案。

与上文中对接包方知识产权管理的措施类似，第一，需对所有的知识产权资源进行归类分档处理。

第二，需与组织成员签署保密协议和不竞争协议，预先防范组织内部成员利用内部资源服务于其他组织发起的众包项目。

第三，对需发送给接包方的背景知识产权中属于第三方的内容应取得相应的使用授权。

第四，在研发中期，必须要求接包方提供阶段性研发成果，并对其中涉及使用的知识产权进行权属审查，其目的在于：①了解项目进展情况，对于进展缓慢或偏离正确方向的接包方应及时沟通，催促或劝退；②及时发现风险隐患，对于经审查发现使用了有瑕疵的知识产权接包方，应及时勒令替换或拒绝其继续接包；③减少后期筛选和审查的工作量。

第五，对未经筛选的所有接包方提供的知识成果方案进行合法合规管理，严格限制相关人员的可接触范围，避免组织成员将其泄露或挪为他用而造成侵权。

第六，对未中标的接包方方案应及时退还，不留痕迹。

第七，对经优选准备评定为中标的研发知识成果方案进行详尽的权属审查，并要求该接包方提供无瑕疵担保，避免出现因接包方使用有瑕疵知识产权而造成与接包方共同侵权的局面。

（三）构建接包方指标评价体系

对于接包方因欺诈等不诚信行为导致的道德风险，可以通过拒绝这类工作者，或限制他们的行为等措施来减少因不诚信行为导致的损失。构建接包方指标评价体系可以从筛选机制、惩罚机制、信用评价机制等方面建立权重因子模型。

1. 筛选机制

筛选机制主要是通过一定的方法来拒绝一部分欺诈者，从源头上就开始限制这类恶意工作者。对某些专业性较高的任务来说，如果没有一定的专业知识是无法完成任务的，如果没有此类能力的人接了任务，在完成任务上肯定大有难度，这部分接包方很有可能是恶意工作者，只是为了赚取一定的奖励而随意复制或抄袭他人成果。如果在发布这类任务时设置一定数量的专业测试题，就可让很多想浑水摸鱼的人望而却步，自动过滤掉那些能力不足的人，这样既可以减少欺诈者接包，又可以提高任务完成的质量。

2. 惩罚机制

尽管在众包任务中加入了筛选机制，但肯定还是会有一些欺诈者进入，也许这部分欺诈者有能力，但他们就是不愿努力工作，想用最少的代价获得最有利于自己的利益，这时就要限制他们的欺诈行为。如果在最后提交的成果中，发包方发现接包方存在明显的抄袭等不负责任的行为，可适当进行惩罚。例如，可在接包方接任务之前，让接包方给平台缴纳一定的保证金，如最后一切正常则归还，发现欺诈等行为则不予归还。但是，接包方可能会不承认自己的这种欺诈行为，这时就要引入在线争议处理平台，双方各自提供证据来支持自己的观点，使问题得到妥善解决，减少误会。

3. 信用评价机制

当任务完成，平台公布出所有方案后，接包方可以互相打分，接包方可能会发现其他接包方存在恶意抄袭等行为，有可能他人会盗用自己在其他平台或任务上的成果，这样在进行信用评分时就会给予低分并可以附上说明。发包方也可以给每个接包方打分，发包方通过自己对接包方任务完成的情况和质量给予相应信用值，主要是依据对方的参与态度和努力情况进行评价。当某个接包方的信用评价非常低时，发包方在筛选时可能不会接收这类接包者，以此来降低接包方的道德风险。

三、规避组织管理风险

为了有效规避"众包"的组织管理风险，首先，管理人员需要极大地转变思维。伦敦商学院战略与国际治理系教授朱利安·伯金肖在提及"众包"时指出："在个人层面上，管理人员在将自己的事情开放给员工时，会害怕失去控制权和影响力；而在公司层面上，管理人员需要在给予员工的信息机密性以及员工的知识产权上持有更加开放的观点。这种新心态对管理人员而言是一个挑战。"要在 Web 2.0 给管理人员提供的机会和管理大企业的现实之间寻找平衡，这就意味着管理人员要了解这些新工作方法的优势和劣势，并辨别出适用于这些工作方式的环境。

其次，建立大众参与者参与产品创新的平台，这个平台既方便大众参与者参与，也方便企业内部对大众参与者的信息、经验和知识的分享。

最后，为了避免员工与大众参与者产生误解，企业可以培养开放的创新文化，建立相应的内部激励措施，增加员工与大众参与者合作的意愿。

四、规避信息风险和数据安全风险

信息的网络开放性致使信息不可能做到完全安全,信息风险往往以网络受到攻击时,组织作出反应恢复常态的速度和止损能力作为测度标准。完整的信息安全系统包括安全防护、安全监测和安全恢复三种机制。通过这些机制,首先,对系统存在的各种安全威胁和漏洞采取相应的防护措施;其次,系统在运行状态下,要能及时发现和制止外界对其进行的各种恶意威胁和攻击;最后,当系统被攻击而造成信息丢失时要能进行紧急处理,完整地恢复至正常状态。

接包方应根据信息的涉密程度、重要性等对其进行分级、加密和备份处理,严格限制组织内部人员的接触范围,避免因不必要的信息接触而导致知识产权泄露和侵权风险,减少信息在传输过程中遭受破坏或侵犯。在使用已有网络安全技术对组织内部计算机进行维护的同时,还需注重提高相关人员的网络安全意识,养成良好的网络使用习惯。定期对设备软件和硬件进行更新和维护,及时排查隐患,确保设备平稳运行。

同时,发包方必须建立完善的激励体系以规避信息风险和数据安全风险。完善的激励体系可以鼓励接包方运用自己的创新能力为发包方服务,同时也在一定程度上规范和制约着代理人的行为。

第十一章 众包的创新与未来

第一节 众包结构关系的智慧化管理创新

众包结构关系，以非独占性的第三方科技公司为众包模式的主导者，以提供相关任务并寻求解决方案的发包方为需求方，以提供创新解决方案的接包方为解决方，辅以以人工智能和云计算等技术为依托的众包数据中心，构建多方共赢、相互促进的线上资源管理和线下方案生成与实践的问题解决模式和创新的结构关系体系。

众包平台的运行主体是以企业、组织、公民个体等组成的需求方和参与方，管理主体是以非独占性的第三方科技公司为主，其辅助技术支撑体系是现代化的网络信息通信技术。新的众包结构在传统众包结构模块上提出了新的见解，除了问题需求模块、创意供给模块、资源管理及交易模块、安全保障模块等的系统组织之外，还引入了云存储系统。新的众包结构关系强调，平台仅作为一种形式化的模型结构，解决信息交流反馈的及时性、项目的开放性、参与方式的便捷性、资源的多元性、选择的多样性，而依靠大数据、区块链、云计算等现代网络技术实现的资源运作及管理手段是众包结构关系依赖的根本逻辑，是通过一系列新兴网络技术手段对资源的收集、整理、编码、储存、学习等手段，形成云储存与智能设计系统，解决设计众包过程中的资源浪费、设计效率低等问题。

目前的实践已经证明，接包方带来的外部知识资源能够促进需求者的创新设计，但是当需求者通过众包获得大量解决方案后在资源的筛选、整合和吸收等过程中可能存在资源浪费的问题。接包方通过大量的时间来寻找创意和解决方案，而任务发包方最终只选取一个最优方案，使得很多优秀的解决方案成为无效产出。

在众包结构关系中引入智慧化管理模块的目的就是使用区块链、云计算、人工智能等网络技术手段实现对众包过程中项目资源、众包后余下资源等的储存、计算、管理与再应用，能够有效地解决余下方案的浪费问题。云计算拥有快速、弹性地提供资源的能力，能以最少的管理工作量或通过服务供应商的交互来快速部署和释放资源。而云储存作为云计算概念延伸和发展出来的一个新的概念，是指通过集群应用、网格技术或分布式文件系统等功能，将网络中大量各种不同类型的存储设备通过应用软件集合起来协同工作，共同对外提供数据存储和业务访问功能的一个系统。通过云储存系统将项目资源与设计资源进行整合、协作、释放，与众包模式从大众解决者获取的源源不断的资源相配合，在人工智能技术的基础之上，通过对项目的深度学习，能够更加准确地预先分析项目问题并通过云储存搜索匹配解决方案。众包结构关系的智慧化管理创新模型如图 11-1 所示。

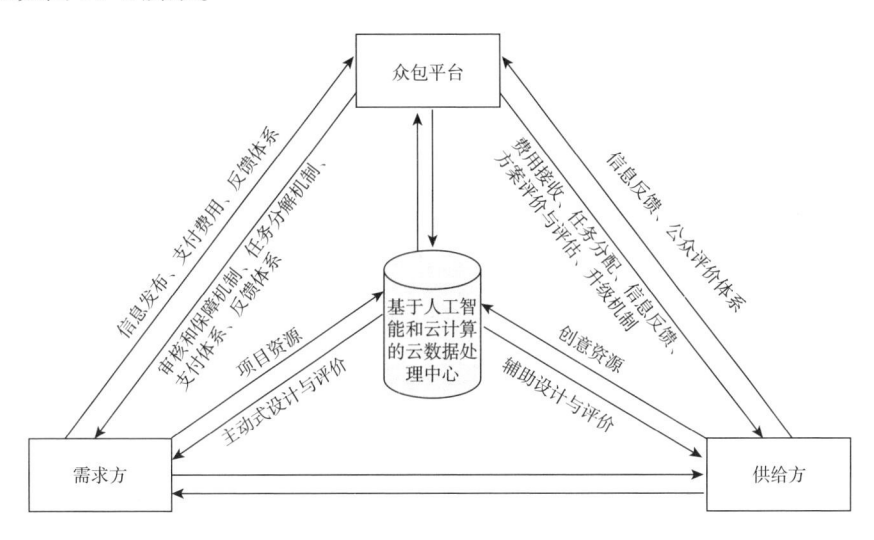

图 11-1　众包结构关系的智慧化管理创新模型（基于李恒的研究修正并自绘）

第二节　基于区块链的众包模式创新

2008 年，中本聪（一个人或一群人的笔名）发表了一篇名为《比特币：一种点对点电子现金系统》的论文，文中描述了一种全新的电子现金系统——比特币。这篇论文的问世，也标志着比特币的底层技术——区块链的诞生。比特币仅仅是一种可编程货币，就是货币与交易，即应用中与现金有关的加密数字货币，如货币、转账、汇款和数字支付系统等，并没有有效地扩展到人类的生活中。2014 年，代表区块链 2.0 的以太坊出现了，以太坊是一个开源的有智能合约功能的公共区块链平台。它的问世，意味着一个非常具有标志性的去中化应用平台诞生了。2017年，随着比特币用户数量的增长，以太坊智能合约系统逐渐完善，区块链技术已经开始落地使用，开启了区块链3.0时代。区块链3.0可以理解为可编程社会，区块链在政府、健康、科学、文化和艺术的自治与管理方面都有所应用，甚至有可能实现去中心化自治社会的终极效果。

众包模式作为一项分布式解决问题的生产方式，正在乘着互联网快速发展的东风，成为最有前景的商业模式之一。然而，众包系统在实际工作过程中面临着许多技术挑战和负面问题，如知识产权问题、道德风险问题、用户隐私问题等，而在设计众包的过程中，由于需求者、解决者、平台三方各主体间信任度不高、缺乏智能化管理系统、缺少系统化的信用管理体系与安全保障体系等，导致参与人数少、信息传递速度慢、难以监管溯源、设计知识权益无法得到保障等问题。如猪八戒网缺少进度管理策略，只能在最后阶段进行任务交接和验收，不利于任务高质量地完成。解决此类问题是设计众包平台能够更好发展的关键，合理地构建区块链系统是解决问题的重要手段。

区块链系统是由数据层、网络层、共识层、激励层、合约层和应用层组成的。首先，在众包平台中建立数据层是构建区块链的基础，其中包含了底层数据区块以及相关的数据加密和时间戳等基础数据和算法，以此来保障各方在平台的数据能够得到安全保障并准确记录。其次，在众包平台中建立网络层、共识层、激励层是构建区块链的中流砥柱，其中包含了分布式组网、信息传播及验证机制、各类共识算法、激励的发行与分配机制等，以此来建立设计信息的安全传输体系与设计信息识别智能化。最后，通过封装各类脚本、算法、智能合约、应用场景和设计案例等建立合约层与应用层，以完成系统安全保障与相关应用属性，最终形成具有设计众包专有属性的智能化区块链保障系统。智能合约是用计算机语言取代法律语言记录条款的一种合约，是一种利用代码表达各方协议的智能法律合同。智能合约通过P2P网络扩散并嵌入设计众包区块中的各节点，形成合约执行链，当各节点完成触发后，验证合约条件并自动执行。智能合约的优势在于可以形成数字化承诺，具有保障合约不可篡改、去中心化、执行过程透明、传播速度快、实施成本低等特点，解决了设计众包过程中知识产权保障、智能监管、信息安全、用户隐私保护等问题。基于区块链技术的众包运行模式如图11-2所示。

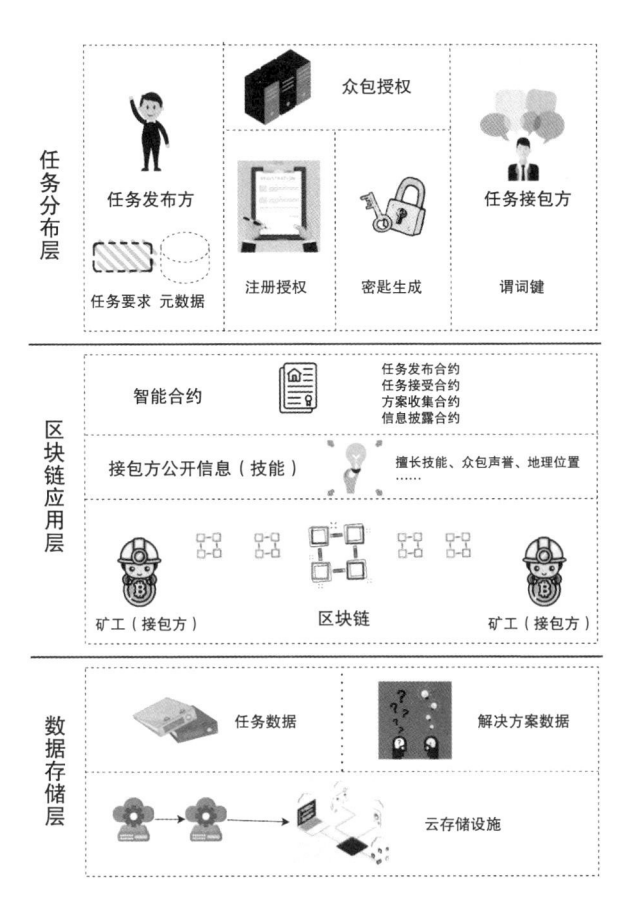

图 11-2 基于区块链技术的众包运行模式（基于 Yang 等人研究成果修订并重绘）

区块链技术引入众包模式已经在实践领域得到了丰富应用，如在众筹领域，指旺金科（上海指旺信息科技有限公司）利用区块链的特性，较为完美地解决了众筹金融行业中信息不对称、信任成本高、沟通效率低、依赖中心枢纽节点、交易环节多等痛点问题，成功打造了区块链技术众筹平台软件，并获得上海市高新技术成果转化项目认证。区块链技术与众筹行业进行良好的整合，使得众筹项目更加容易发起和管理。交易各方都可以随时查看融资款项使用情况和监督众筹项目回报风险，增加众筹项目市场的透明度、稳定性和公信力。指旺金科提供众筹项目发布管理、投标管理、用户实名认证、项目信审、分红管理、三方支付、智能合约等功能，涵盖了众筹管理的主要功能和区块链运维管理功能。目前该项目已申请并获得授权软件著作权，并做了软件产品登记，且已通过了研发阶段，正处于项目小试、试销售阶段，已经在多家公司开展了上线与试运行。通过用户试用，初步满足了用户对于数据分布式、去中心化、共识机制、开放性、自治性、信息不可篡改性、透明可追溯、匿名性等特性的需求。

区块链在高精地图众包领域也取得了不俗成绩。随着自动驾驶和无人物流的快速发展，高精地图将成为重要配置之一。目前主要的高精地图数据采集包括集中制图模式和众包模式。集中制图模式通过配有激光雷达的数据采集车进行路测，但其发展会受到成本限制。众包模式借用大量车辆上的摄像头获取数据和数据实时更新，但其需与主机厂合作，发展受到车辆底层数据封闭以及数据贡献者积极性等因素的制约。第一个支持多链的全球分布式地图网络 GoWithMi 可以带来有效的众包制式解决方案，GoWithMi 可以创建基于算法的 Token 激励地图众包，激励全球用户分布式共识生产，兼顾低成本、高精度、实时性、虚拟现实（Virtual Reality，VR）化与全球覆盖，彻底改变传统地图中心化生产方式。GoWithMi 包括独创的去中心化地图数据生产、去中心化位置服务和空间数字地产三大部分。其目标是协同全球用户共同打造新一代位置服务链网基础设施，为所有公链提供部署现实商业的空间应用协议，让现实世界里人和物的空间位置信息、移动轨迹信息以及由此产生的供需匹配关系大数据与智能合约安全连接，从而全面支持智能出行、广告、O2O、共享经济、高精地图等业态的分布式重构，引领进入共享经济时代。

第三节　当机器学习"遇见"众包

智慧是如何在人类中间产生的？为了回答这个问题，人类开始研究生物学，试图从神经构造中找到合适的答案。然而，以回溯的方式寻找智慧源头的各种解释总有争议，因此正面解答的方式产生了——赋予智慧。人工智能是目前解释该方式的最常见案例，人工智能中的重要方式——机器学习则是为了训练模型模拟或实现人类的学习行为发展而来的。

"众包"作为一种筹集智慧的渠道，为过去机器学习未能解决的各种问题提供了新思路，正在成为机器学习的最佳资料来源。自 2008 年以来，机器学习领域注意到众包的优势，并开发了大量技术来解决使用众包进行学习时的不准确性、随机性等问题。通过众包系统，可以低成本获取众包标注数据，有助于创建预测模型学习的训练集，众包工作者可以帮助研究人员完成模型研究阶段的难题。随着众包平台的出现，如 AMT（Amazon Mechanical Turk）、CrowdFlower，大量的机器学习领域研究者使用众包的方式来提高他们的工作效率。

将众包引入机器学习是一种新型的、超越传统数据收集的方法，其优势极其显著。首先，利用"众包"雇员提升机器学习的模型，这包括从已被标记的最相关的数据中提取模型用于训练,同时获取对学习模型的评价。其次,综合利用人类和机器的优点,取长补短,实现两者各自所无法实现的功效。这涉及混合智能系统的研究,即将"人工"引入"人工智能"。事实上,已经有许多成功案例暗示着此类混合的应用潜力,如实时请求用户关闭对话和人为写作并进行网络编辑等。最后,以"众包"平台为依托,更广泛地研究人类的在线行为。通过招募大量"众包"雇员,推算计算机系统对人类行为的宏观影响,从而获得更好的算法设计与系统。例如,亚马逊是美国最大的网络电子商务公司,为了将计算机无法完成的脑力工作自动化,公司使用了一种名为"土耳其机器人"的"众包"网络集市。这些工作性质琐碎,数量不可估计,即使请来 IBM 的沃森机器人也无济于事。而"众包"却能让计算机程序员调用人类的智慧来解决当前计算机尚不足以胜任的工作。适应"土耳其机器人"的科学家,尤其是社会科学家,能够从中更快、更便捷地获取大量"行为实验"的对象,而实验结果同样能被计算机科学家所使用。现在或许可以称为"社会计算时代",计算机科学家不能只将意识保留在代码群中,而是要投向人类行为。

结合众包的概念及众包学习的相关文献,整理出众包学习的几个特征如下:

(1)通过公开平台发布任务,可以是众包平台、社区平台等互联网平台。
(2)众包学习的任务往往需要大量众包数据。
(3)利用众包工人完成对机器来说相对困难的任务。
(4)众包学习是一种分布式的解决方案。

归纳这些特征,可以将众包学习定义为利用公开互联网平台,获取众包数据并应用于机器学习相关领域的一种解决方案。

众包学习的数据来源于互联网公开平台。以众包平台为例,众包学习的整个步骤大致分为数据获取和数据处理两个阶段。在数据获取阶段,主要工作是任务发起人和众包平台的交互,包括:

(1)将任务发布至众包平台。
(2)众包工人接收任务后,按任务要求执行,如数据注释、图像分类等。
(3)众包工人完成任务,将结果提交至众包平台。
(4)任务发起人接收数据。

在数据处理阶段,考虑到众包平台工人背景知识的不同,其完成任务的质量无法得到保证,即获取到的众包数据总是带噪声的,因此在用于模型训练或测试等应用前,需要先对数据进行预处理。

事实上,通过众包平台获取标记数据在机器学习领域应用最为广泛。在标记任务中,众包工人看到未标记的数据实例,并被要求对实例提供单个或多个标记。

众包数据往往是带噪声的，这和众包工人的能力有关。普遍认为，众包工人分为专家、垃圾邮件发送者、外行人、恶意标记者等四大类。专家是能够大量提供正确标签的工人；垃圾邮件发送者是一种随机分配标签的工人，他们的标记结果类似于随机标记的行为；外行人有时也被称为非专家，是指缺乏对任务的先验知识的工人，只有当任务的难度相对较低时，他们的标签的质量才是可靠的；恶意标记者的标记结果总是比随机生成的差，对标记结果影响较大。依赖于互联网的众包平台上存在诸多不同水平的众包工人，参与标记的众包工人种类和份额存在巨大差异，标记结果自然变得不可捉摸。针对这个问题，理论界和实践界提出了一个可行的解决思路，即 1 vs N 模式，将每个任务都交给多个众包工人去完成，然后再通过聚合工人标记的算法技术，如多数投票算法（MV）、一般期望最大化算法（EM）等来作出决策。

以上主要是众包学习对机器学习中数据生成阶段的补充，除了数据生成之外，在机器学习社区中，众包最常见的用途是调试和优化。例如，在无监督模型中，通常不能用精度等简单的分类指标来评估一个模型的综合情况。在人工智能领域，虽然现实生活中已有广泛 AI 的应用，但离完美还有较大差距。为了解决这类问题，研究者通过众包的方式将人类的反馈加入到训练模型中，为模型获取基于生活经验、领域知识的信息，不断优化改善。

在机器学习领域，经常讨论的问题是计算机无法真正像人类一样理解事物，而人类又无法像计算机一样拥有快速的运算能力，一个典型的例子是语音识别系统。在语音识别系统中，如果需要快速可靠地将语音转换为文本就需要一种超越机器能力的上下文理解水平（人类），以及一种超越大多数人的转换速度水平（自动化）。因此，基于众包和机器学习的实时语音转译文本系统 Scribe（图 11-3）在行业内快速流行，以提供相对便宜、低延迟和相对准确的转换结果。

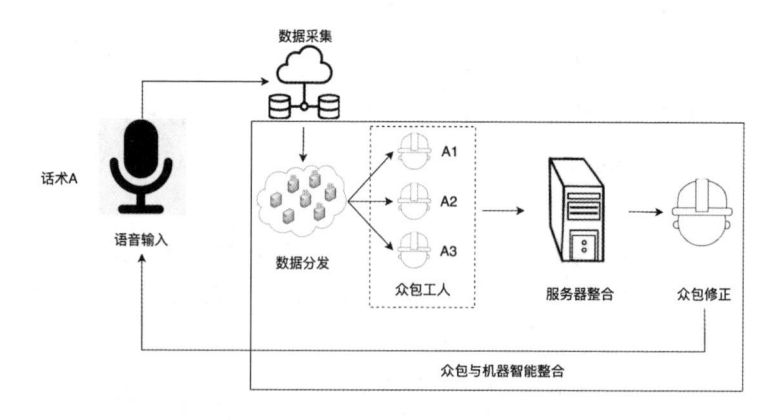

图 11-3　基于众包和机器学习的实时语音转译文本系统（基于 Scribe 逻辑自绘）

将众包学习与机器学习相结合是众包未来的重要发展方向之一，也是当前许多研究的热门关注点。区别于单纯的数据生成和处理，在基于众包反馈的学习模型中，众包工人们可能参与模型的任一阶段，该阶段往往是机器模型难以处理的。工人们将自己的处理结果反馈给模型，而不仅仅作为众包标记提供者。虽然众包数据生成和处理在众包学习中占比更大，但基于众包反馈的研究是一种更开放的形式，在任何机器学习领域，利用众包来优化都可能是一种较好的思路。

参 考 文 献

[1] 姜强，药文静，晋欣泉，等．变革与新生：基于众包的自组织协同知识建构研究——面向深度学习的课堂教学结构化变革研究之一 [J]．现代远距离教育，2019(6):3-10.

[2] 马卫，方丽，屠建洲．从外包到众包的商业模式变革及启示 [J]．商业时代，2008(1):2.

[3] 韦诸霞，吴晓琦．外包或非外包：优质环境服务影响路径探究——基于26个清洁案例的定性比较分析 [J]．北京邮电大学学报：社会科学版，2021，23(3):10.

[4] 雷滔，林四春，何小锋．外包与内包的概念框架辨析 [J]．商业经济研究，2012，000(35):57-58.

[5] 李波，王志坚．虚拟组织的生命周期 [J]．外国经济与管理，2001，23(8):4-10.

[6] 王菊阳．虚拟组织：现代新型组织形式 [J]．产业与科技论坛，2020(17):2.

[7] 李晓辉，柴丽俊，高峻山．信息技术与虚拟组织 [J]．商业研究，2005(5):3.

[8] HOWE J. The rise of crowdsourcing[J]. Wired Magazine, 2006, 14(6):1-4.

[9] PEDERSEN J, KOCSIS D, TRIPATHI A, et al. Conceptual Foundations of Crowdsourcing:A Review of IS Research[C] Hawaii International Conference on System Sciences. IEEE, 2013:579-588.

[10] WERNERFELT B. A resource‐based view of the firm[J]. Strategic Management Journal, 1984, 5(2):171-180.

[11] PETERAF M A. The cornerstones of competitive advantage: a resource‐based view[J]. Strategic Management Journal, 1993, 14(3):179-191.

[12] BARNEY J, WRIGHT M, KETCHEN JR D J. The resource-based view of the firm: Ten years after 1991[J]. Journal of Management, 2001, 27(6): 625-641.

[13] AHUJA G, KATILA R. Where do resources come from? The role of idiosyncratic situations[J]. Strategic Management Journal, 2004, 25(8-9): 887-907.

[14] MONTGOMERY C A, WERNERFELT B. Diversification, Ricardian rents, and Tobin's q[J]. The Rand Journal of Economics, 1988: 623-632.

[15] ROCHET J C, TIROLE J. Platform competition in two-sided markets[J]. Journal of The European Economic Association, 2003, 1(4): 990-1029.

[16] ARMSTRONG M. Competition in two-sided markets[J]. The RAND Journal of Economics, 2006, 37(3): 668-691.

[17] 纵凯, 王玉霞. 国外双边市场理论的最新进展[J]. 东北财经大学学报, 2012(3):17-21.

[18] 王楠, 陈详详, 孙百惠, 等. 谁的创意更具价值——内外部领先用户的对比研究[J]. 南开管理评论, 2021, 24(5):51-62, 72, 63-64.

[19] 吴贵生. 用户创新概念及其运行机制[J]. 科研管理, 1996, 17(5):14-19.

[20] 冯小亮, 黄敏学. 众包模式中问题解决者参与动机机制研究[J]. 商业经济与管理, 2013(4):25-35.

[21] 仲秋雁, 王彦杰, 裘江南. 众包社区用户持续参与行为实证研究[J]. 大连理工大学学报(社会科学版), 2011, 32(1):1-6.

[22] TEO T S H, LIM V K G, LAI R Y C. Intrinsic and extrinsic motivation in Internet usage[J]. Omega, 1999, 27(1): 25-37.

[23] BRABHAM D C. Moving the crowd at iStockphoto:The composition of the crowd and motivations for participation in a crowdsourcing application[J]. First Monday, 2008.

[24] BRABHAM D C. Crowdsourcing[M]. Mit Press, 2013.

[25] BRABHAM D C. (2013b), Using Crowdsourcing in Government, IBM Center for the Business of Government Washington, DC.

[26] GRIER D A. Crowdsourcing for dummies[M]. John Wiley & Sons, 2013.

[27] WAZNY, K. Crowdsourcing's ten years in: A review[J]. Journal of Global Health, 2017, 7(2).

[28] GHEZZI A, GABELLONI D, MARTINI A, et al. Crowdsourcing: a review and suggestions for future research[J]. International Journal of Management Reviews, 2018, 20(2): 343-363.

[29] 吴婉琪, 庄茗诗, 邵伟星, 等. 众包模式分布式任务的定价研究[J]. 统计与管理, 2018(11):6.

[30] 张鹏, 鲁若愚. 众包式创新激励机制研究——基于委托代理理论[J]. 技术经济与管理研究, 2012 (6): 45-48.

［31］汪劲松，方婷．众包平台中众包任务与运行机制的匹配性研究［J］．唐山学院学报，2019，32(6):73-79.

［32］NAKATSU R T, GROSSMAN E B, IACOVOU C L. A taxonomy of crowdsourcing based on task complexity[J]. Journal of Information Science, 2014, 40(6): 823-834.

［33］MARKHAM S K, LEE H. Product Development and Management Association's 2012 Comparative Performance Assessment Study[J]. Journal of Product Innovation Management, 2013, 30(3): 408-429.

［34］刘电霆，吴丹玲，黄康政．协作设计众包任务优化分配建模与求解［J］．机械设计，2021.

［35］ULRICH K T, EPPINGER S D. Product design and development. Prod. Des. Dev[J]. 2015.

［36］NIU X J, QIN S F, VINES J, et al. Key crowdsourcing technologies for product design and development[J]. International Journal of Automation and Computing, 2019, 16(1): 1-15.

［37］李恒．基于网络众包的设计模式创新［D］．沈阳：沈阳航空航天大学，2019.

［38］黎继子，刘春玲，张念．"互联网+"下众包供应链运作模式分析——以海尔和苏宁为案例［J］．科技进步与对策，2016，33(21):24-31.

［39］周兴建，袁佳音，黎继子．众包供应链一体化运营模式与管理成熟度［J］．中国流通经济，2020，34(11):57-67.

［40］曹嘉君，王日芬，恢光平，等．科研众包项目运行模式与平台类型划分研究［J］．情报理论与实践，2022，45(5): 165-172.

［41］卫垌圻，姜涛，陶斯宇，等．科研众包——科研合作的新模式［J］．科学管理研究，2015(2):16-19.

［42］李燕．公共管理中的众包机制：研究现状与未来展望［J］．探索，2018(5):15.

［43］AITAMURTO T. Crowdsourcing for democracy:A new era in policy-making[J]. Publications of the Committee for the Future, Parliament of Finland, 2012, 1.

［44］李红梅．浅谈新闻众包的内容生产［J］．新闻世界，2014(9):123-125.

［45］杜军．医疗众包模式的作用初探［J］．南京医科大学学报（社会科学版），2017(3):182-185.

［46］陈厚春，王茂春．众包物流运作模式研究［J］．物流科技，2019，42(1):14-16.

[47] 贺明华，梁晓蓓.基于文献计量视角的众包研究现状与未来展望[J].广西财经学院学报，2018，31(3):41–51.

[48] 陆丹.互联网时代下众包风险的识别与规避[J].物流工程与管理，2013，35(4): 118–120.

后 记

提笔值初春，落笔已深冬。

进入21世纪以来，可持续发展目标（sustainable development goals，SDG）成为全球经济社会发展的重点。各国政府、企业和社会都在围绕一套共同的目标，寻求并动员全部力量为之努力。创新，"是一个国家、一个民族发展进步的不竭动力"，是企业提升核心竞争力、创造核心竞争优势以实现可持续发展的关键路径，是社会进步的主导力量。

众包，本质上是对传统创新模式的反思，它打破了企业边界、打破了创新边界，创造了独特的产业。众包与各行各业的结合，正在成为创新的重要表征和载体。自正式提出"众包"概念以来，国内外学术界和实践界因"众包"而疯狂，中国知网中发表了数以千计论述众包、众包模式和众包应用的论文。在学术论坛上，以"众包"和Outsourcing为关键词搜索的累计学术文章逾万篇。已有杰夫·豪、达伦·C.布拉汉姆和大卫·艾伦·格里尔，又有国内如刘晓芳、侯文华和黄国华等著名学者，在提笔与落笔之间，我内心也不安，是谁在给我重新梳理众包模式的勇气？

众包并不是一个复杂的定义，但众包模式在任何行业的应用都无法脱离它是一个多方参与的双边市场的事实，而双边市场的存在却让众包成为一个充满博弈的复杂过程。在学习相关资料时我发现，即便看了很多经典著作，也在互联网上获取到了诸多最新研究成果，我的内心对于众包的理解仍然不成体系，不够系统。这激发了我按照最易理解的常规理论逻辑进行梳理的想法，即"源起—理论描述—实践现状—未来预期"这样的框架。在"源起"部分，引入企业虚拟化背景，加上外包与众包的一脉相承，进而解释众包的概念、内涵和特征；在"理论描述"部分，重点描述了基于双边市场的众包市场，重点解释了众包双边市场的市场主体、系统模型和运作机制，论述基本遵循"发包方—平台—接包方"的三位一体角色框架；在"实践现状"部分，落点管理模式与众包的契合，以新产品开发、营销策略、客户关系管理和供应链管理破题，论述当前众包模式的典型管理实践，并辅以典型案例阐述；在"未来预期"部分，探讨了众包的行业蔓延与应用，梳理了众包风险，预测了众包模式的未来演进。

依赖此框架，本书的撰写让我对前人的智慧更加恭敬，也对众包模式的过去、现状和未来有了更深层次的理解。衷心希望本书能够给予需要的学者、从业人员和学生以微末帮助。在写作过程中，本书参考的大量研究文献多列于书后"参考文献"部分，但因内容较多，仍不免有部分缺漏，在此一并感谢。

学问浅薄，内心惶恐，唯盼见书之诸君见谅。

提笔起点，落笔成圆，赘述于此，是以为记。

赵 军